全国职业院校智能网联汽车技术专业工学一体活页式教材
全国技工院校智能网联汽车工学一体化教材

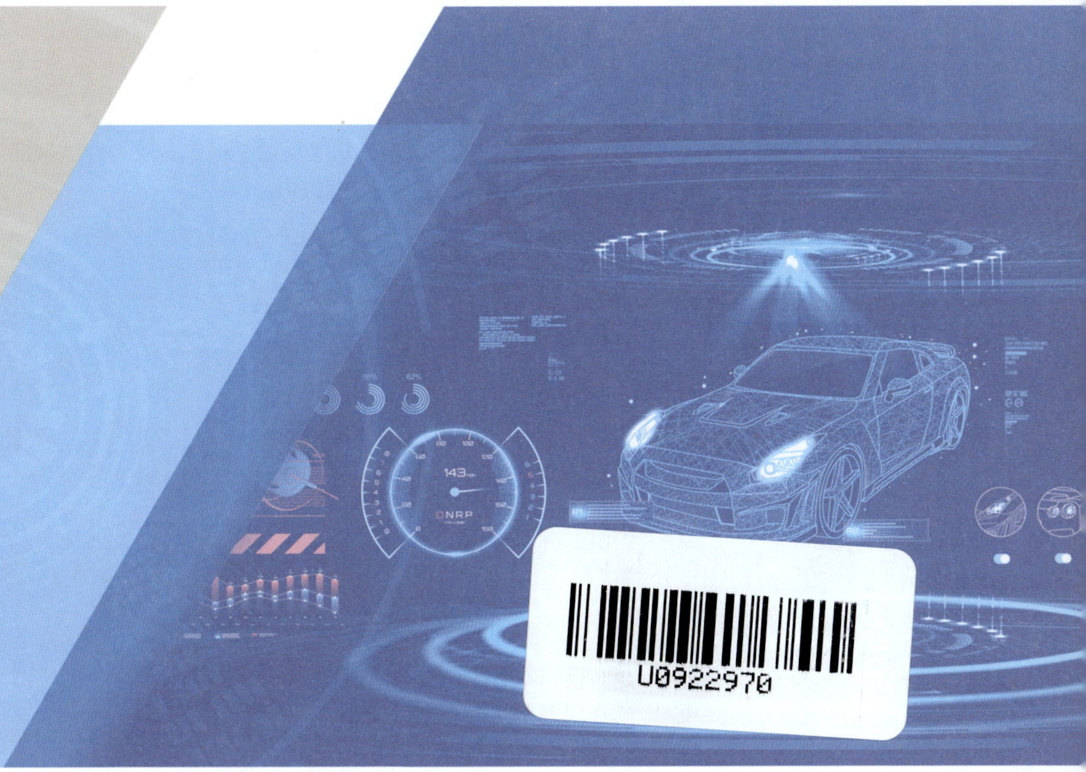

智能网联汽车运行与维护

主　　编　刘国军　吕丕华
编写单位　中德诺浩（北京）教育科技股份有限公司
　　　　　山东理工职业学院

中国劳动社会保障出版社

简介

《智能网联汽车运行与维护》以新一代汽车企业岗位（群）任职要求、职业标准、典型工作任务为主体内容，以“教、学、做”合一的形式编写而成，具有工作手册和教材的共同特征。教材共有6个学习情境，24个任务，80课时，内容包括高压安全防护、智能网联汽车基本检查与维护、智能网联汽车低压电气系统运行与检查、高压系统检查与维护、智能网联汽车先进驾驶辅助系统运行与检查、智能网联汽车整车检查与维护等。本书能满足学习者在工作现场完成任务的需要，提供简明易懂的“应知”“应会”等现场指导信息；同时，又按照技术技能人才成长特点和教学规律，对学习任务进行有序排列。

本书是中德诺浩（北京）教育科技股份有限公司推出的全国职业院校智能网联汽车技术专业课程的第一个学习领域，也可供汽车企业相关从业者和社会人士学习参考。

本书由刘国军、吕丕华担任主编，中德诺浩（北京）教育科技股份有限公司、山东理工职业学院共同编写。

图书在版编目（CIP）数据

智能网联汽车运行与维护 / 刘国军，吕丕华主编. -- 北京：中国劳动社会保障出版社，2021
全国职业院校智能网联汽车技术专业工学一体活页式教材
ISBN 978-7-5167-5032-2

Ⅰ.①智…　Ⅱ.①刘…②吕…　Ⅲ.①智能控制－汽车－车辆运行－职业教育－教材②智能控制－汽车－车辆修理－职业教育－教材　Ⅳ.①U46

中国版本图书馆CIP数据核字（2021）第230033号

中国劳动社会保障出版社出版发行
（北京市惠新东街1号　邮政编码：100029）
*
北京市艺辉印刷有限公司印刷装订　　新华书店经销

880毫米×1230毫米　16开本　14.75印张　309千字
2021年12月第1版　　2025年9月第4次印刷
定价：66.00元

营销中心电话：400-606-6496
出版社网址：http://www.class.com.cn
http://jg.class.com.cn

序

随着移动互联技术、人工智能技术、电池技术的快速发展，目前全球汽车产业正迎来百年一遇的技术变革，“新四化”（电动化、智能化、网联化、共享化）已成为产业发展新方向，汽车正变成一个“移动终端、储能单元和数字空间”。这为中国汽车产业提供了一次换道超车、实现由大到强的千载难逢的新机会。为此，国家出台了《新能源汽车产业发展规划（2021—2035年）》《交通强国建设纲要》《智能汽车创新发展战略》等一系列重要发展规划，有力推动了互联网、大数据、云计算、人工智能与汽车产业深度融合，已初步培育出具有世界领先水平的新技术、新产品、新业态和新模式。

面对这样的新形势，在科学分析汽车产业、职业、岗位、专业关系的基础上，对接市场新需求，教育部在新一轮职业教育专业升级和数字化改造暨职业教育专业目录修订工作中，在新版高等职业教育专科目录中增设了“智能网联汽车技术”专业，与此同时，在新版高等职业教育本科目录中增设了“智能网联汽车工程技术”专业，在新版中职目录“汽车电子技术应用”专业中新增了“智能网联汽车方向”。

为加快推动“智能网联汽车技术”这一新专业在高等职业教育专科院校的落地，尽快为中国汽车产业培养新一代高素质技术技能人才，在中国职业技术教育学会智能网联汽车和新能源汽车工作委员会的指导下，中德诺浩（北京）教育科技股份有限公司组织了行业、企业、院校、科研机构等产教科多方力量，汇聚多方智慧，编写了智能网联汽车技术专业教材。

这套教材具有五个新特点：一是新理念，适应新一代信息技术发展，充分利用互联网、大数据等先进技术，将数字化资源有机融入教材，实现了专业教材和教学的数字化改造；二是新技术，紧跟产业技术发展趋势，组织多领域专家参与编写，实现了机械、电子、人工智能、计算机等多领域知识和技能的有机融合；三是新标准，教材编写标准与教育评价标准紧密对接新科技、新技术、新业态、新场景、新职业、新岗位等的能力标准要求；四是新模式，以新岗位工作过程中的任务为导向，以提升学习者能力为目标，通过构建新型活页工作手册、任务单等方式，强化学习者工作思路与工作习惯的养成；五是新体验，通过技术运用，构建集“理、虚、实”于一体的多元化、创新型混合教学方式，使学习者体验学习内容从纸质到数字、学习方式从静态到动态的转变。

我相信，这套教材的出版，将会有力地推动职业院校汽车专业升级与数字化改造，推动职业院校教师、教材、教法数字化改革，推动产教融合、校企合作，培养一大批具有数字知识、数字化能力、适应汽车产业转型升级发展的大国汽车工匠，为中国汽车产业发展提供有力的技术技能人才支撑，为中国汽车工业实现“十四五”规划及 2035 远景目标、实现“汽车强国梦”作出应有的贡献。

徐向阳

中国职业技术教育学会智能网联汽车和新能源汽车工作委员会主任
国家乘用车自动变速器工程技术研究中心常务副主任
北京航空航天大学交通科学与工程学院学术委员会主任、教授
2021 年 8 月 18 日

前言

近年来，我国汽车产销总量连续位居全球第一，汽车产业已发展成为我国国民经济重要的战略性、支柱性产业。伴随新一轮科技革命和产业变革，智能网联汽车已成为全球汽车产业发展的战略方向。

党的二十大报告指出，“坚持把发展经济的着力点放在实体经济上，推进新型工业化，加快建设制造强国、质量强国、航天强国、交通强国、网络强国、数字中国”。国家发展和改革委员会等部门印发的《智能汽车创新发展战略》提出，“发展智能汽车，有利于提升产业基础能力，突破关键技术瓶颈，增强新一轮科技革命和产业变革引领能力，培育产业发展新优势”，具有重要的战略意义。与之呼应，汽车产业对于高素质技术技能型人才的需求越来越紧迫。

根据中共中央办公厅、国务院办公厅印发的《关于加强新时代高技能人才队伍建设的意见》，为贯彻落实全国职业教育大会精神，为我国汽车产业提供有力的人才和技能支撑，编者团队以岗位职业技能为核心，以优化课程结构、加强实践教学、突出能力培养和提高教材质量为突破口，编写了这套职业院校智能网联汽车新形态工作手册式教材。

本套教材融入企业新知识、新技术、新工艺、新方法，根据汽车产业链典型岗位工作标准，将智能网联汽车理论知识与实践应用有机结合，综合培养学生的专业知识、技术技能、职业道德等职业综合素质和行动能力，具有以下特点：

（1）产教融合，内容前瞻。集合职业院校与龙头企业等多方力量，依据职业教育国家专业教学标准，按照生产实际和岗位需求，将新技术、新工艺、新规范、典型生产案例纳入教材内容，对接职业标准和岗位（群）能力要求。

（2）理实结合，工学一体。以真实生产项目、典型工作任务等为载体，把握学生认知规律，体现先进职业教育理念，将工作过程和学习过程融为一体，培养学生的综合职业能力。

（3）模式先进，编排合理。采取行动导向教学模式，按照结构化、模块化、系统化的要求精心编排教材内容，满足项目学习、案例学习、模块化学习等不同学习方式的需求。

（4）形态创新，数字引领。采用工作手册式教材形式，图、文、表并茂，“岗课赛证”融通，配套数字资源形式多样、信息技术应用充分，附有专属二维码便于使用者浏览和学习，有效激发学生的学习兴趣和创新潜能。

（5）课程思政，导向明确。内容编写坚持正确的政治方向和价值导向，落实课程思政要求，弘扬劳动光荣、技能宝贵、创造伟大的时代风尚，培育劳模精神、劳动精神和工匠精神。

（6）彩色印刷，制作精良。全书采用彩色印刷，版面清晰，主题明确，满足理论及实训等多种教学场景。

本套教材可作为职业院校智能网联汽车相关专业核心教材，也可作为其他汽车类专业的专业课教材和拓展课教材使用，同时还可供从事汽车研究、设计、制造、使用和维修的工程技术人员学习和参考。

智能网联汽车技术是传统汽车技术与信息技术、人工智能、通信技术、传感器技术等新技术的深度融合，整个行业还在不断地创新探索技术和服务的内容、模式，加之编写团队水平有限，使本书在一些具体问题的处理上难免有不尽如人意之处，敬请广大读者批评指正！

此外，本教材在编写过程中还得到了相关行业、企业，以及职业院校产、学、研各方面的专家和技术骨干的参与和支持，在此致以诚挚的谢意。

编　者

目录

情境一 高压安全防护

一、情境导入

场景：某智能网联汽车 4S 店

人物：小张（学徒）、王师傅（智能网联汽车维修技师）、李先生（车主）

情境：车主李先生在汽车行驶 20 000 km 后到 4S 店做维护，维修技师王师傅让学徒小张先去做一些简单的维护项目。小张打开前机舱盖，正要对前机舱内的零部件进行擦拭，幸好被王师傅及时阻拦。小张不解地问王师傅自己哪里做错了，王师傅说这是一辆以纯电动汽车为基础，搭载智能化、网联化设备的智能网联汽车。纯电动汽车的驱动能量是电能，高压动力系统的电压可达 300 V 以上，而人体的安全电压仅为 36 V。为避免高压触电，在对纯电动汽车进行维护、维修等工作时，操作人员需要做好全方位的安全防护，并掌握触电急救的措施，以保证人身、车辆及环境的安全。

二、情境目标

- 能规范地完成人身安全防护工作。
- 能对操作环境进行全面的安全防护。
- 能对触电人员进行正确的分离与基本急救。

人身安全防护

一、任务导入

操作人员在进行纯电动汽车维护、维修等工作的过程中，会接触到纯电动汽车的高压动力系统，为保障操作人员的人身安全，本任务将学习如何规范地进行人身安全防护，避免高压触电事故的发生。

二、任务目标

- 能按照正确的方法对人身安全防护用品进行全面检查。
- 能按照正确的方法穿戴人身安全防护用品。

三、知识学习

1. 触电的危害

触电通常是指人体直接触及电源或高压电，电流经过空气或其他导电介质通过人体，引起组织损伤和功能障碍，甚至会发生心跳和呼吸骤停。电流对人体的伤害分为电击、电伤和电磁场生理伤害三种。

电击指由于电流通过人体而引起的病理、生理反应。根据死亡原因的不同，可将电击致死的类型分为三种，如图 1–1–1 所示。

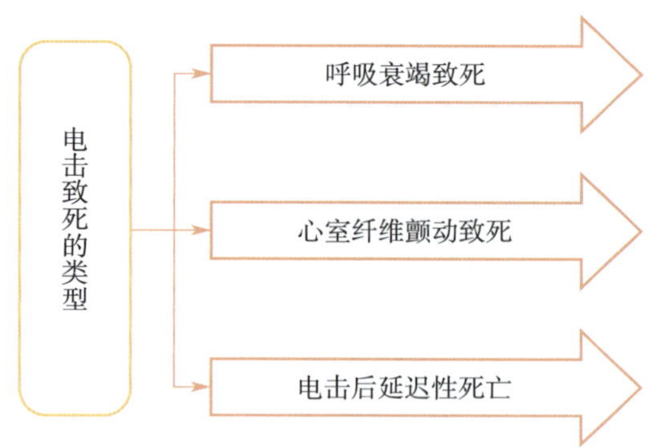

图 1-1-1　电击致死的类型

电伤指电流的热效应、化学效应和机械效应对人体的伤害，主要指电弧烧伤、熔化金属溅出烫伤等。

电磁场生理伤害指在高频磁场的作用下，人体会出现头晕、乏力、记忆力减退、失眠、多梦等神经系统的症状。

2. 人身安全防护用品的种类

人身安全防护用品主要包括绝缘手套、安全帽、护目镜、绝缘鞋、防护服和耐磨手套。

（1）绝缘手套

绝缘手套是用绝缘橡胶或乳胶经压片、模压、硫化或浸模成型的手套，主要用于电工作业，是人身安全防护用品的重要组成部分。

绝缘手套包括常规型绝缘手套和复合型绝缘手套，常规型绝缘手套较薄且自身不具备机械保护性能，一般要配合机械防护手套使用以防止被割破；复合型绝缘手套较厚且自身具备机械保护性能。绝缘手套如图 1-1-2 所示。

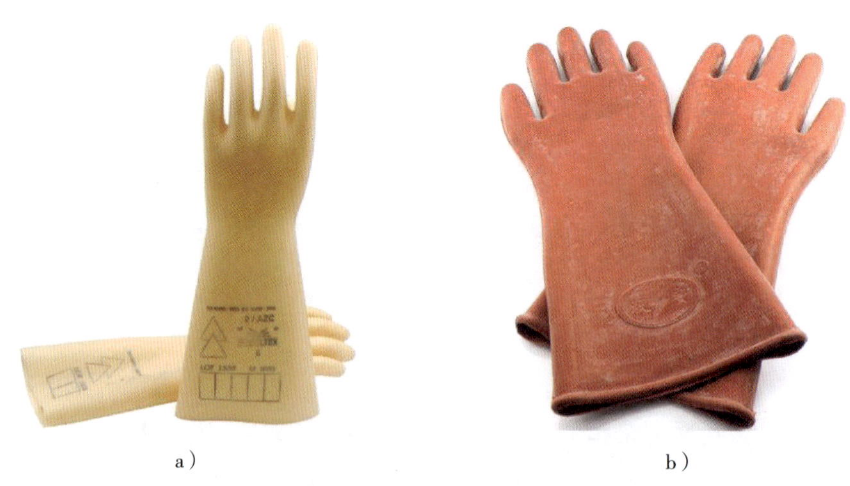

a）　　　　b）

图 1-1-2　绝缘手套

a）常规型绝缘手套　b）复合型绝缘手套

（2）安全帽

当人体可能受到坠落物或小型飞溅物等其他特定因素引起的伤害时，安全帽能对使用者头部起防护作用。根据性能的不同，安全帽可分为普通型（P 型）和特殊型（T 型）。

安全帽一般由帽壳、帽衬及配件等组成。帽壳一般由壳体、帽舌等部分组成，并且用顶筋增强帽壳顶部的强度，硬物的冲击和碰撞主要由帽壳承受。帽衬由下颏带、顶带及帽箍等部分组成，帽壳和帽衬之间留有一定空间，可缓冲、分散瞬时冲击力，从而避免或减轻对头部的直接伤害。安全帽如图 1–1–3 所示。

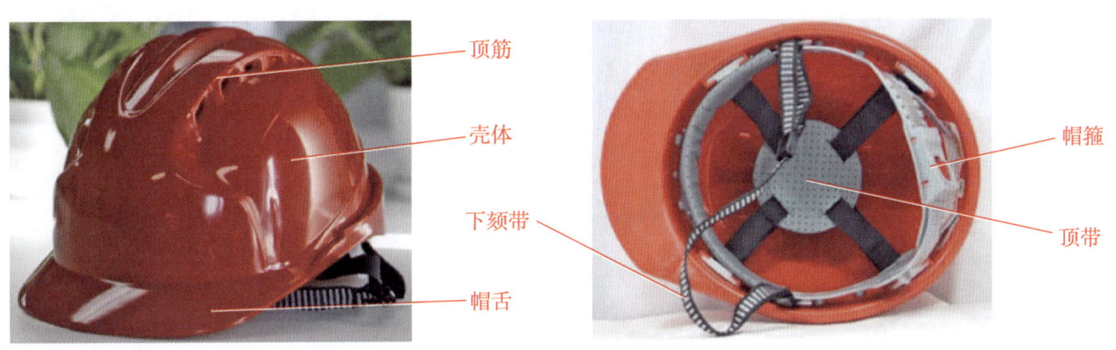

图 1–1–3　安全帽

（3）护目镜

护目镜主要对使用者的眼部和面部起防护作用，眼、面防护用具都应具有防高速粒子冲击的功能，并根据其他不同需要，分别具有防液体喷溅、防有害光线和防尘等功能。护目镜如图 1–1–4 所示。

图 1–1–4　护目镜

（4）绝缘鞋

绝缘鞋的作用是使人体与地面绝缘，防止电流通过人体与大地之间构成通路，使触电时的危险降到最低。绝缘鞋前部的皮层内夹有钢板，还具有防砸、保护脚部的作用。

绝缘鞋按鞋帮高低分为低帮鞋、高腰鞋、半筒靴等。绝缘鞋如图 1–1–5 所示。

（5）防护服

防护服是用导电材料与纺织纤维混纺交织成布后做成的服装，能有效地保护操作人员免受

图 1-1-5　绝缘鞋

触电伤害与高压电场的影响。防护服一般包括上衣和裤子，上衣与裤子之间有连接带，以使各部分形成电气连接。

（6）耐磨手套

耐磨手套符合人体手部形状，能够紧贴五指，在日常操作中穿戴耐磨手套可降低潜在的危险，如刀割、划伤、腐蚀等，耐磨手套被脏污、汗湿后可清洗。耐磨手套如图 1-1-6 所示。

图 1-1-6　耐磨手套

3. 人身安全防护用品的检查

（1）绝缘手套

在使用绝缘手套前，需要验证其绝缘耐压是否达到作业要求或大于 1 000 V，若不符合要求则应进行更换。

在使用绝缘手套前还必须进行气密性检查。先扯开袖口向袖套内吹气，之后卷紧袖套，检查绝缘手套是否漏气，若有漏气、破损、裂痕或沾染水渍等现象则不能使用，需要进行更换或擦拭。绝缘手套气密性检查的步骤如图 1-1-7 所示。

（2）安全帽

安全帽具有电绝缘性能（用 J 表示），按其绝缘耐压等级可分为 G 级（测试电压为 2 200 V）和 E 级（测试电压为 20 000 V），具有 G 级电绝缘性能的特殊型安全帽的标记方式为 T JG。若安全帽不具有电绝缘性能或绝缘耐压等级不符合要求则应进行更换。

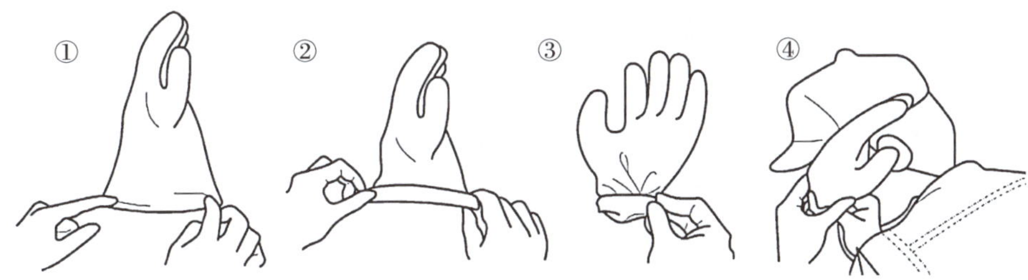

图 1-1-7 绝缘手套气密性检查的步骤

在使用安全帽前需要检查帽壳是否有破损、气泡、水渍等，下颏带与帽箍连接是否牢固，松紧调节是否正常，帽箍缩放调节是否正常，若有不符则应进行更换或擦拭。

（3）护目镜

在使用护目镜前需要检查其是否有破损和裂痕，镜片是否有划痕、污染而导致视线模糊，头带是否具有适当弹性，若有不符则应进行更换或擦拭。

（4）绝缘鞋

在使用绝缘鞋前需要弯折鞋底检查其是否有破损和裂痕，防滑花纹磨损是否严重，若有不符则应进行更换。还需检查鞋身是否沾染水渍，若有水渍则应进行更换或擦拭，确保内外表面干燥。绝缘鞋具有电绝缘性能，在使用前需要验证其绝缘耐压是否符合作业要求（其绝缘耐压必须大于纯电动汽车的最大工作电压），若不符合要求则应进行更换。绝缘鞋的检查如图 1-1-8 所示。

a）

b）

图 1-1-8 绝缘鞋的检查

a）鞋底检查 b）绝缘耐压检查

（5）防护服

防护服应无破损、残洞、斑点、污物及其他影响服装穿用的缺损，若不符合要求则应进行更换。还需检查防护服连接带的连接情况，若连接不正常则应进行连接或更换。

（6）耐磨手套

在使用耐磨手套前需检查其有无破损和脱线，是否沾染水渍或潮湿，若有不符则应进行更换。

4. 人身安全防护用品的穿戴

（1）绝缘手套

作业时，应将衣袖口套入绝缘手套袖套内，佩戴方式如图 1–1–9 所示。

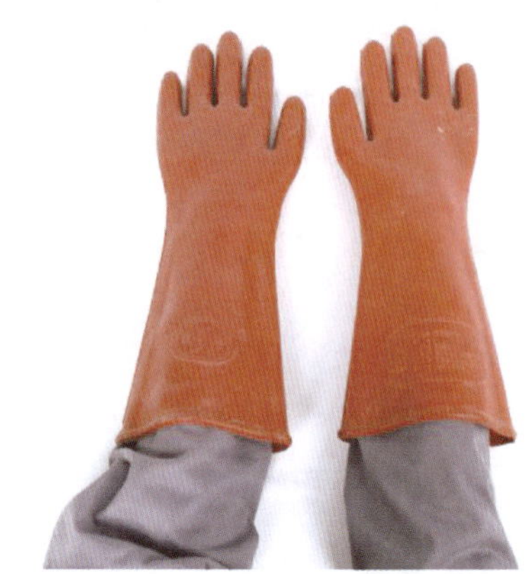

图 1–1–9　绝缘手套的佩戴方式

使用后，应将绝缘手套的内外污物擦洗干净，待手套干燥后撒上滑石粉并将其放置平整，以防受压受损。切勿将绝缘手套放置在地上。

（2）安全帽

佩戴安全帽时，首先应戴正安全帽，然后调整帽箍松紧度，保证佩戴后帽沿不压耳尖、帽舌不遮视线、顶带紧贴头顶，之后紧固下颏带，松紧度以低头、摆头时安全帽皆不晃动、偏移或滑落为宜。安全帽的佩戴方式如图 1–1–10 所示。

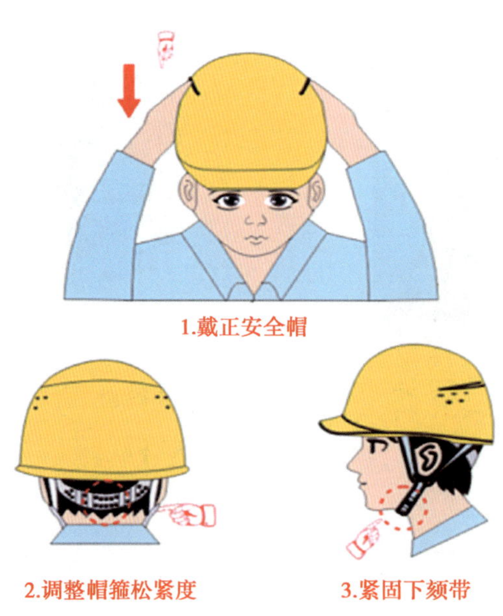

图 1–1–10　安全帽的佩戴方式

注意：在进行车下作业时，安全帽必须佩戴牢固。

（3）护目镜

佩戴护目镜时，需将护目镜贴合面部，鼻托贴合鼻翼，防止灰尘、飞粒进入眼睛。护目镜的佩戴方式如图 1–1–11 所示。

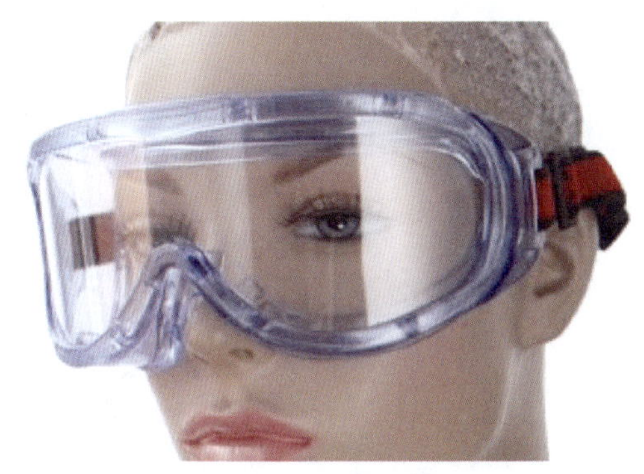

图 1–1–11　护目镜的佩戴方式

（4）绝缘鞋

穿戴绝缘鞋时，需要将裤脚套进靴筒内。

注意：穿戴共用绝缘鞋前，需要穿戴一次性鞋套，防止交叉感染。

（5）防护服

穿戴防护服之前应去除手表、吊饰等金属物品，避免金属物品跌落或直接接触高压部件造成短路、触电等安全事故。

穿戴防护服时应收紧袖口、领口、裤脚等开口，尽量减少皮肤的裸露面积。

（6）耐磨手套

穿戴耐磨手套时，需将手套紧贴手指，指尖处不能留有空余，手指要与手套分岔处贴合，以不影响手指正常活动为宜。耐磨手套可穿戴在绝缘手套内，起吸汗作用，增大汗湿后手部与绝缘手套的摩擦力，防止打滑。

四、任务实施

1. 任务分配

根据实际情况分配任务，并记录在表 1–1–1 中。

表 1-1-1　任务分配

职务	姓名	工作内容
组长		监督、管理组员工作
组员		

2. 物料准备

准备任务实施所需的物料，见表 1-1-2。

表 1-1-2　物料准备

所需物料
绝缘手套、安全帽、护目镜、绝缘鞋、防护服、耐磨手套、一次性鞋套等

3. 人身安全防护用品的检查与穿戴

检查人身安全防护用品是否符合要求，并正确进行穿戴，将相关内容记录在表 1-1-3 中。

表 1-1-3　人身安全防护记录

序号	检查项目	检查内容	检查结果	处理意见
1	绝缘手套	绝缘耐压	________V	
		气密性检查：是否漏气	是 □　否 □	
		外观检查：是否有破损	是 □　否 □	
		外观检查：是否沾染水渍	是 □　否 □	
2	安全帽	绝缘耐压等级	________级	
		帽壳是否有破损、气泡、水渍	是 □　否 □	
		下颏带与帽箍连接是否牢固	是 □　否 □	
		下颏带松紧调节是否正常	是 □　否 □	
		帽箍缩放调节是否正常	是 □　否 □	
3	护目镜	外观检查：是否有破损、裂痕	是 □　否 □	
		镜片是否有划痕、污染	是 □　否 □	
		头带弹性是否适当	是 □　否 □	

续表

序号	检查项目	检查内容	检查结果	处理意见
4	绝缘鞋	绝缘耐压	________ V	
		外观检查：鞋底是否有破损、裂痕	是 □　否 □	
		外观检查：鞋底防滑花纹磨损是否严重	是 □　否 □	
		外观检查：鞋身是否沾染水渍	是 □　否 □	
5	防护服	外观检查：是否有破损、残洞、斑点、污物	是 □　否 □	
		连接带的连接是否正常	是 □　否 □	
6	耐磨手套	外观检查：是否有破损、脱线	是 □　否 □	
		外观检查：是否沾染水渍或潮湿	是 □　否 □	

注意：所有人身安全防护用品只能起到辅助保护、降低事故发生概率的作用，如果不按照标准规程操作，很有可能会发生高压触电事故。

五、检查

根据表 1–1–4 中的检查项目进行检查，并将检查结果和结果点评记录在表 1–1–4 中。

表 1–1–4　检查

检查项目	检查结果	结果点评
人身安全防护		
是否能规范穿戴人身安全防护用品	是 □　否 □	
整理及恢复		
工具、设备是否整理恢复	是 □　否 □	
实训工位是否打扫干净	是 □　否 □	
工作页是否填写完整	是 □　否 □	
绝缘手套是否清理干净，并撒上滑石粉	是 □　否 □	

六、任务小结

本任务小结如图 1–1–12 所示。

人身安全防护
触电的危害
电击、电伤、电磁场生理伤害
人身安全防护用品的种类
绝缘手套、安全帽、护目镜、绝缘鞋、防护服、耐磨手套
人身安全防护用品的检查
绝缘手套：绝缘耐压、气密性、外观检查
安全帽：绝缘耐压等级、帽壳、下颏带、帽箍检查
护目镜：镜面、头带检查
绝缘鞋：绝缘耐压、鞋底、鞋身检查
防护服：外观、连接带检查
耐磨手套：外观检查
人身安全防护用品的穿戴
正确穿戴人身安全防护用品，切实保障操作人员安全

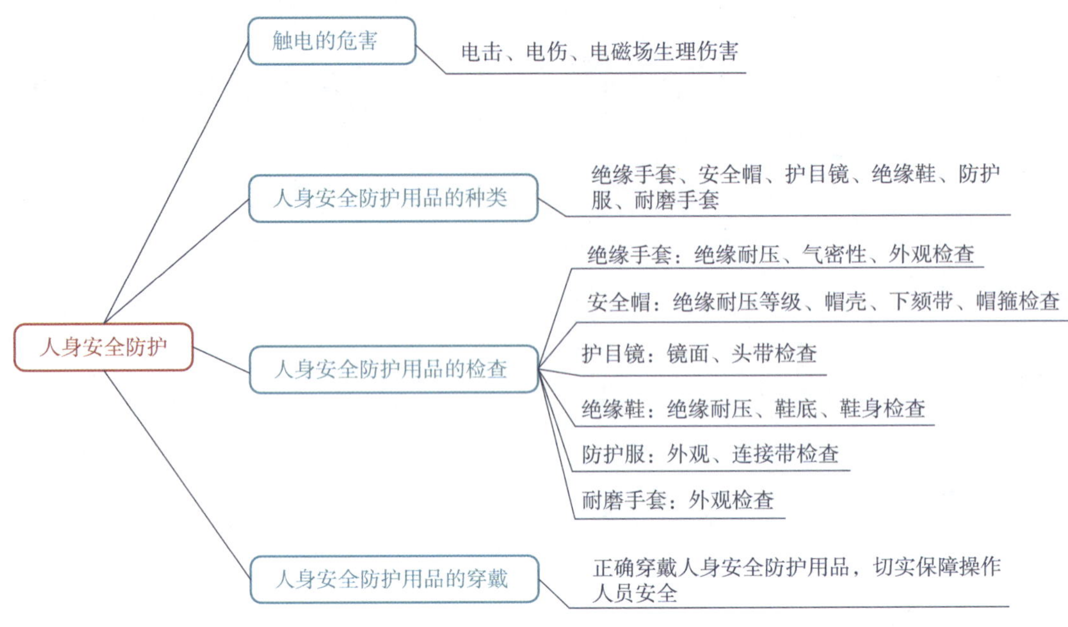

图 1-1-12　任务小结

环境安全防护

一、任务导入

操作人员在进行纯电动汽车维护、维修等工作的过程中，不仅要做好人身安全防护，还需对车辆、操作场地等环境进行安全防护。本任务将学习如何规范地进行环境安全防护，避免操作人员与非操作人员高压触电事故的发生。

二、任务目标

- 能按照防护方法对车辆进行全面安全防护。
- 能按照防护方法对操作场地进行全面安全防护。

三、知识学习

1. 环境安全防护的必要性

环境安全防护包括车辆的安全防护和操作场地的安全防护，以及操作过程中绝缘工具的使用。

车辆安全防护即对车外、车内等与维修人员接触的部位进行防护，目的是避免在操作过程中对车辆外观、内饰等造成磕碰和污损。车辆防护用品有翼子板布、车内防护用品等。

操作场地安全防护即在车辆周边环境中设置高压警示牌、隔离带、绝缘垫、绝缘工具、消防应急设备、绝缘杆等安全防护用品，目的是保障车辆与维修人员或可能接触人员的安全。

为满足安全防护需求，在进行维护、维修作业时必须使用带有绝缘层的绝缘工具。

2. 车辆防护用品的种类

（1）翼子板布

翼子板布能在进行车辆维护、维修作业时对车身前部的保险杠、散热器面罩和两侧翼子板起到保护作用，防止磕碰、剐蹭、脏污漆面。翼子板布如图 1-2-1 所示。

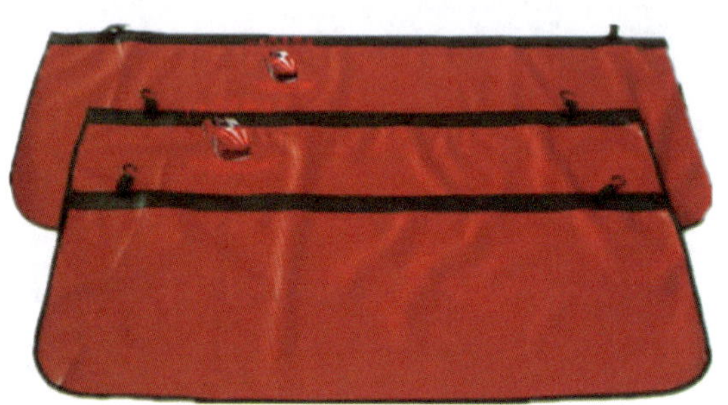

图 1-2-1　翼子板布

（2）车内防护用品

车内防护用品一般有转向盘套、座椅套、脚垫、换挡杆套、驻车制动拉杆套等，能够在进行车辆维护、维修作业时保护座椅、转向盘等操作人员经常接触的内饰件，使其不沾染油污，皮质的车内防护用品还能保护内饰件不被磕碰、剐蹭。车内防护用品如图 1-2-2 所示。

a）

b）

图 1-2-2　车内防护用品

a）一次性薄膜款　b）皮质款

3. 操作场地安全防护用品的种类

（1）高压警示牌

高压警示牌的作用是在进行车辆维护、维修作业时作高压危险提醒，提醒非操作人员禁止进入操作场地和触碰高压部件。高压警示牌如图 1-2-3 所示。

图 1-2-3　高压警示牌

（2）隔离带

隔离带的作用是在进行车辆维护、维修作业时将维修工位围起来，防止非操作人员进入操作场地发生危险。隔离带如图 1-2-4 所示。

图 1-2-4　隔离带

（3）绝缘垫

绝缘垫是用绝缘材料制成、铺设在地面或接地物体上以保护操作人员免受电击的防护用品，在进行车辆维护、维修作业时使电流无法与大地形成回路，从而起到绝缘作用。

根据绝缘性能的不同，绝缘垫可分为 0、1、2、3、4 五级，在进行车辆维护、维修作业时，至少应选用 1 级（能承受 3 000 V 交流电压）绝缘垫。绝缘垫如图 1-2-5 所示。

图 1-2-5　绝缘垫

（4）消防应急设备

纯电动汽车操作场地内必须放置消防沙箱、消防铲、消防桶、水基型（水雾）灭火器等消防应急设备。水基型（水雾）灭火器可以喷射出细水雾，能够瞬间蒸发热量，使表面活性剂在可燃物表面迅速形成一层水膜，起到降温、隔离氧气的双重作用，从而快速灭火。消防应急设备如图 1–2–6 所示。

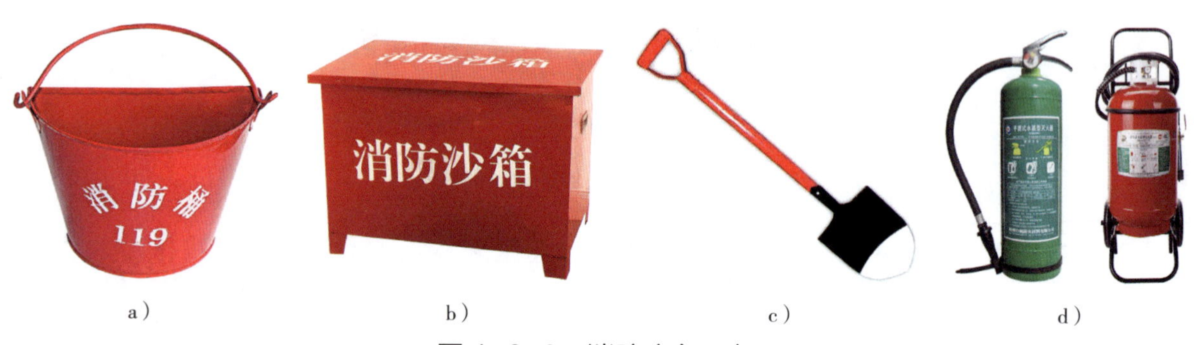

a） b） c） d）

图 1–2–6 消防应急设备

a）消防桶 b）消防沙箱 c）消防铲 d）水基型（水雾）灭火器

（5）绝缘杆

绝缘杆又称拉闸杆、高压操作杆和令克棒，是用于对带电设备进行短时间操作的绝缘工具，如接通或断开高压电源开关、挑开带电线路、拉开触电者等。绝缘杆的绝缘耐压有 10 kV、35 kV、110 kV 等，使用前必须检查其绝缘耐压是否符合使用要求。绝缘杆如图 1–2–7 所示。

图 1–2–7 绝缘杆

4. 绝缘工具

在对纯电动汽车的零部件进行拆装时，存在触碰高压动力系统导致触电的风险，因此，应使用带有绝缘层的绝缘工具进行作业。常用的绝缘工具如图 1–2–8 所示。

5. 环境安全防护方法

（1）绝缘垫

使用绝缘垫前，应对其外观进行检查，确保绝缘垫无破洞、裂纹、局部隆起等外观质量问题。铺设绝缘垫时，要求地面干燥、平整、无凸起、无异物，绝缘垫拼接处不能留有空隙。停放车辆时，必须将车身全部置于绝缘垫之上。绝缘垫铺设及车辆停放如图 1–2–9 所示。

a）

b）

图 1-2-8　绝缘工具

a）绝缘工具车与绝缘工具套装　b）绝缘扭矩扳手

图 1-2-9　绝缘垫铺设及车辆停放

（2）隔离带

摆放隔离带时，要求隔离带包围整个维修工位，不能留有缺口。若需要在隔离带处设置出入口，则必须在出入口处放置高压警示牌。隔离带摆放如图 1-2-10 所示。

图 1-2-10　隔离带摆放

（3）车内防护用品

铺设车内防护用品时，要求防护用品紧密贴合防护部件，且不影响该部件正常使用，如转向盘转动时不打滑。车内防护用品的铺设如图 1–2–11 所示。

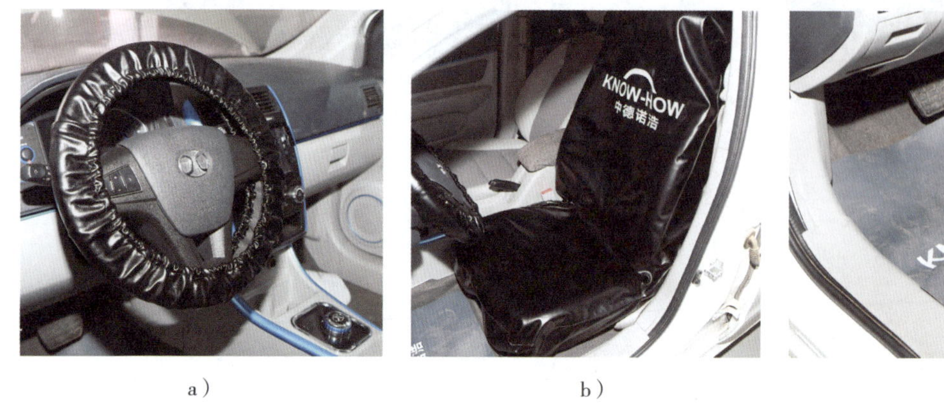

a）　　b）　　c）

图 1–2–11　车内防护用品的铺设

a）转向盘套　b）座椅套　c）脚垫

（4）翼子板布

翼子板布边缘带有挂钩和磁铁，铺设翼子板布时应通过挂钩或磁铁将其固定在前机舱边缘，要求翼子板布能够完全覆盖两侧翼子板、散热器面罩和前保险杠。翼子板布的铺设如图 1–2–12 所示。

图 1–2–12　翼子板布的铺设

（5）高压警示牌

必须在高压危险区域和高压部件附近的明显位置摆放、悬挂高压警示牌。在前机舱处悬挂高压警示牌，如图 1–2–13 所示。

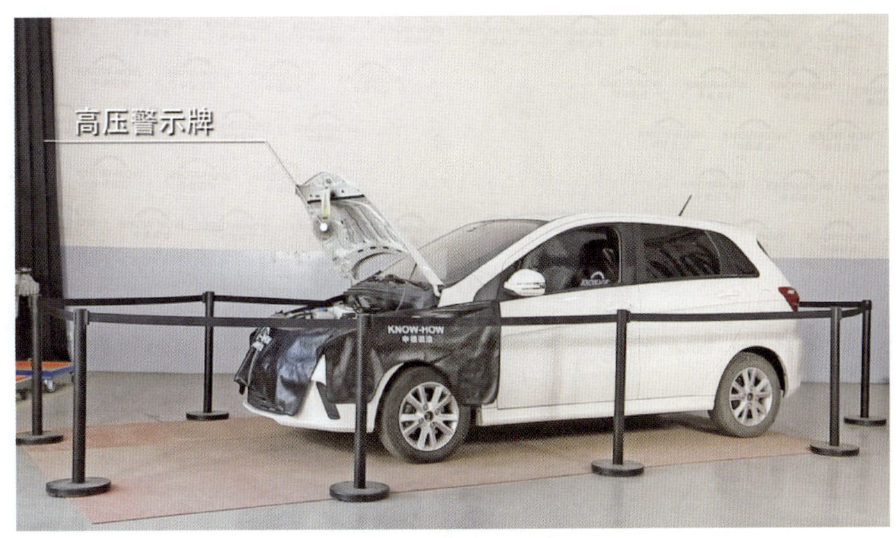

图 1–2–13　悬挂高压警示牌

（6）绝缘工具

放置绝缘工具套装的绝缘工具车需要安置在隔离带内，以方便取用绝缘工具。绝缘工具车的摆放如图 1–2–14 所示。

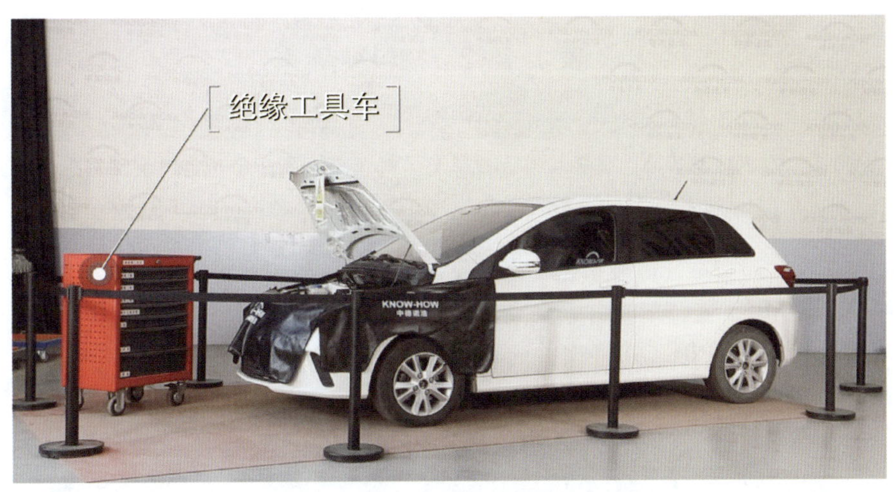

图 1–2–14　绝缘工具车的摆放

（7）消防应急设备

水基型（水雾）灭火器、消防沙箱、消防铲、消防桶等消防应急设备必须放置在操作场地内，摆放位置应方便取用。

（8）绝缘杆

在日常维护中，需要将绝缘杆清理干净，装在专用的工具袋内，放置在通风良好、清洁干燥、方便取用的支架上或悬挂起来，尽量不要靠近墙壁，以防受潮导致其绝缘性被破坏。

四、任务实施

1. 任务分配

根据实际情况分配任务，并记录在表 1-2-1 中。

表 1-2-1　任务分配

职务	姓名	工作内容
组长		监督、管理组员工作
组员		

2. 物料准备

准备任务实施所需的物料，见表 1-2-2。

表 1-2-2　物料准备

所需物料
高压安全防护用品：车内防护用品、翼子板布、绝缘垫、隔离带、高压警示牌、消防应急设备、绝缘杆等
工具、设备：实训车辆、绝缘工具等

3. 环境安全防护

对操作环境进行安全防护，并将相关内容记录在表 1-2-3 中。

表 1-2-3　环境安全防护记录

序号	防护用品	摆放（防护）位置	备注
1	车内防护用品		
2	翼子板布		
3	绝缘垫		
4	隔离带		
5	高压警示牌		
6	绝缘工具		
7	消防应急设备		
8	绝缘杆		

五、检查

根据表 1-2-4 中的检查项目进行检查，并将检查结果和结果点评记录在表 1-2-4 中。

表 1-2-4　检查

检查项目	检查结果	结果点评
环境安全防护		
车内防护用品的铺设是否牢固	是 □　否 □	
翼子板布的铺设是否牢固	是 □　否 □	
前机舱打开后是否悬挂高压警示牌	是 □　否 □	
车身是否全部位于绝缘垫之上	是 □　否 □	
整理及恢复		
工具、设备是否整理恢复	是 □　否 □	
实训工位是否打扫干净	是 □　否 □	
工作页是否填写完整	是 □　否 □	

六、任务小结

本任务小结如图 1-2-15 所示。

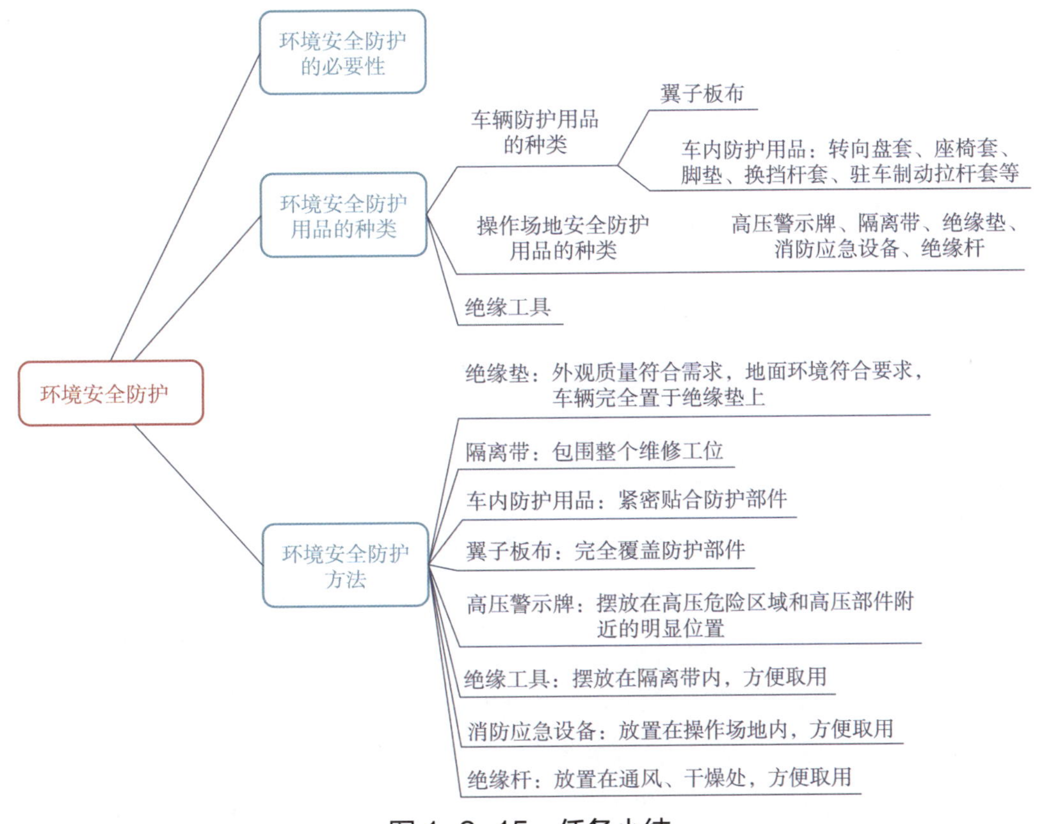

图 1-2-15　任务小结

高压触电急救

一、任务导入

在纯电动汽车维护、维修等工作过程中，采取高压安全防护措施能够尽可能地减少高压触电的危险，但还是有发生高压触电的可能性。当发现有人高压触电时应该怎么办呢？本任务将学习如何通过对高压触电人员的分离和基本急救来挽救他们的宝贵生命。

二、任务目标

- 能使用正确的方法及时、有效地对高压触电人员进行分离和急救。

三、知识学习

1. 触电时通过人体的电流

触电时通过人体的电流大小取决于接触电压、人体电阻等因素。根据欧姆定律（$I=U/R$），可以通过接触电压与人体电阻计算出触电时通过人体的电流大小。

人体电阻取决于电流通过人体的路径，大小为该路径上各部位的总电阻，与电流持续时间、电流频率、皮肤湿润程度、接触面积等因素有关。电流通过人体的路径如图 1-3-1 所示。

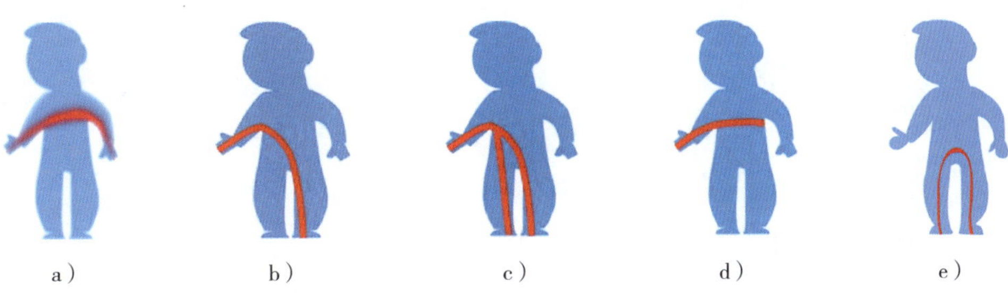

图 1-3-1　电流通过人体的路径

a）手—手　b）手—单脚　c）手—双脚　d）手—胸　e）脚—脚

电击是否会对人体造成伤害取决于电流的大小，能自主摆脱电极时接触电流的最大值约为 10 mA，能引起心室纤维性颤动的接触电流最小值约为 30 mA。

2. 高压触电急救方法

当有人高压触电时，应在保证救护者自身及环境安全的前提下就地展开急救，动作应迅速、果断，方法要正确、有效，救护者要坚持不放弃的救护原则。

（1）高压触电分离

高压触电急救首先要使触电者迅速脱离电源。触电电路若有电源开关或车辆配置了高压维修开关，救护者应在穿戴人身安全防护用品的情况下，尽快使用相应绝缘耐压的绝缘杆关闭电源开关或拔出高压维修开关。若无法关闭电源开关或拔出高压维修开关，救护者应在穿戴人身安全防护用品的情况下，尽快使用绝缘杆、绳索、皮带等绝缘物品作为工具拉开触电者或挑开电线，使触电者脱离电源并将其带至 8 ~ 10 m 以外。

分离触电者时，应尽量采用单手操作方式，防止电流构成回路伤及自己。触电者与电源分离后，应根据触电者的状态展开急救。

（2）触电者状态检查与处理方法

触电者状态检查与处理方法如图 1-3-2 所示。

1）触电者与电源分离后，首先应轻拍触电者双肩与其进行对话，检查其意识是否清醒。

2）若触电者意识清醒，应将其就地平卧，严密观察其呼吸、心跳、脉搏等生命指标，暂时不可站立和走动；若触电者意识不清或丧失意识，应立即拨打紧急救援电话，禁止摇动触电者头部呼叫。

3）检查呼吸，如果触电者仍有呼吸，应使其平卧，严密观察；如果触电者已无呼吸或仅是濒死叹气样呼吸，则应立即进行心肺复苏。

4）如果触电者的呼吸、心跳恢复，则应立即对其头部进行降温，如用冰袋、冷毛巾等；如果呼吸、心跳未恢复，则应继续坚持用心肺复苏术抢救，直到医务人员接替抢救。

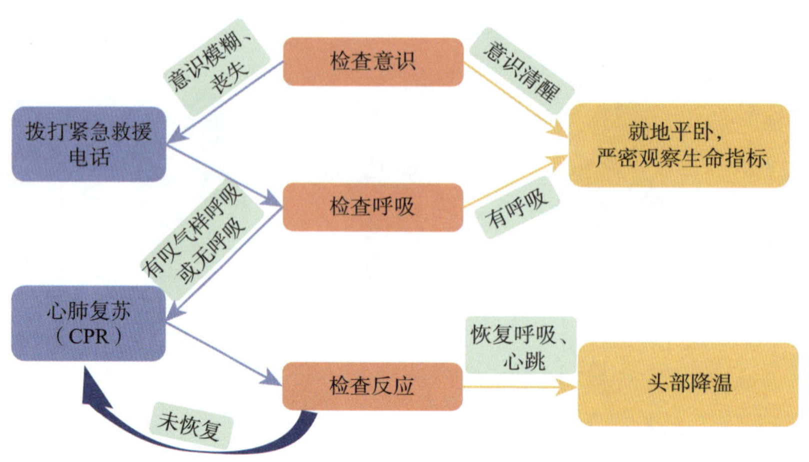

图 1-3-2　触电者状态检查与处理方法

3. 心肺复苏方法与基本要点

心肺复苏（cardio-pulmonary resuscitation，CPR）是一系列提高心搏骤停后生存概率的抢救技术，心搏骤停一旦发生，若得不到及时的抢救复苏，4～6 min 后会造成患者脑和其他人体重要器官组织不可逆的损害。对需要进行心肺复苏的触电者，应将其置于平地或硬板上，解开领扣和皮带，解开或剪开限制呼吸的胸腹部紧身衣物，立即就地进行有效的心肺复苏急救。

心肺复苏包括胸外按压（compression）、开放气道（airway）和人工呼吸（breathing）三种基本的抢救技术。

（1）胸外按压的基本要点

胸外按压的基本要点如图 1-3-3 所示。

1）按压位置：胸部正中，双乳头之间，胸骨的下半部即为正确的按压位置。

2）按压姿势：救护者应站立或跪在伤员一侧胸旁，救护者的双肩位于触电者胸骨正上方，两臂伸直，肘关节固定伸直，两手掌根相重叠，手指翘起，将下面手的掌根部置于按压位置上。以髋关节为支点，利用上身的重力，垂直将正常成人胸骨压陷 5～6 cm。

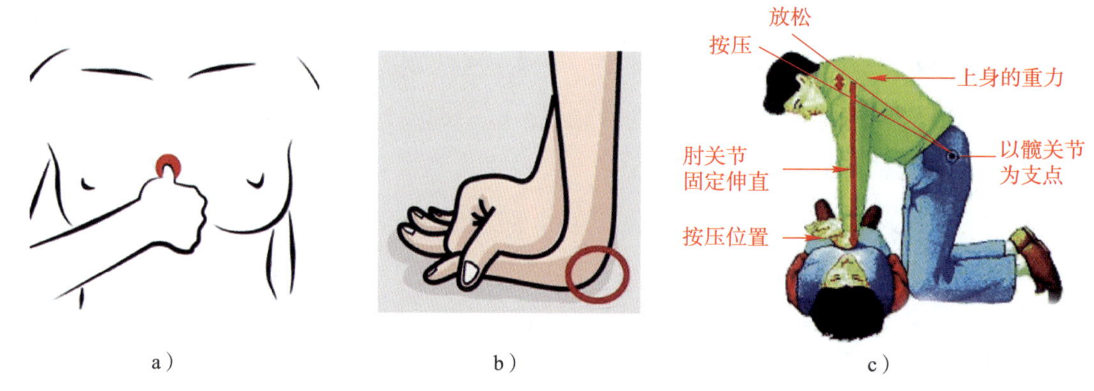

图 1-3-3　胸外按压的基本要点

a）按压位置　b）按压手势　c）按压姿势

3）按压频率：胸外按压要以均匀的速度进行，每分钟 100～120 次，每次按压和放松的时间相等。

4）保证每次按压后胸廓充分回弹，尽可能减少按压中断。

（2）开放气道的基本要点

1）用仰头抬颏手法开放气道：救护者应将一只手放在触电者前额，用手掌将额头用力向后推，另一只手的食指与中指置于颏骨下方，向上抬起下颏（对颈部损伤者不适用），两手协同推动头部，使触电者的头部向后仰，由舌后坠导致的气道梗阻即可解决，达到开放气道的目的。开放气道如图 1–3–4 所示。

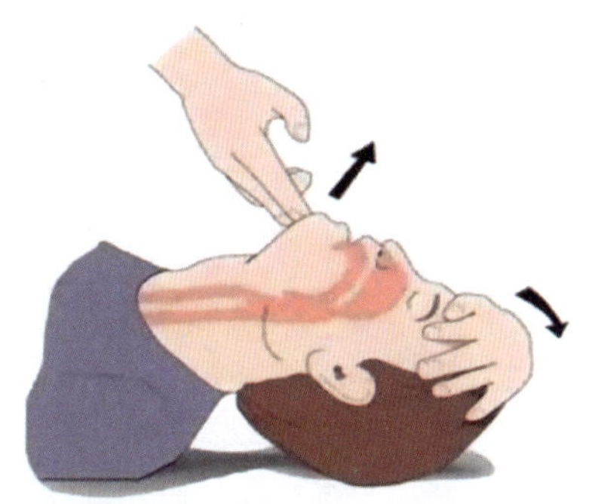

图 1–3–4　开放气道

2）如触电者口腔内有异物，则要对其进行清除。方法为按压开下颌，用手指缠纱布清除口腔中的液体分泌物，固体异物则用食指钩出或将两手指交叉从口角处插入取出。

（3）人工呼吸的基本要点

1）在保持触电者气道开放的同时，救护者应用放在触电者额上的手捏住触电者鼻翼，救护者平静吸气后，与触电者口对口紧合，在不漏气的情况下，先连续以正常呼吸气量吹气 2 次。口对口人工呼吸如图 1–3–5 所示。

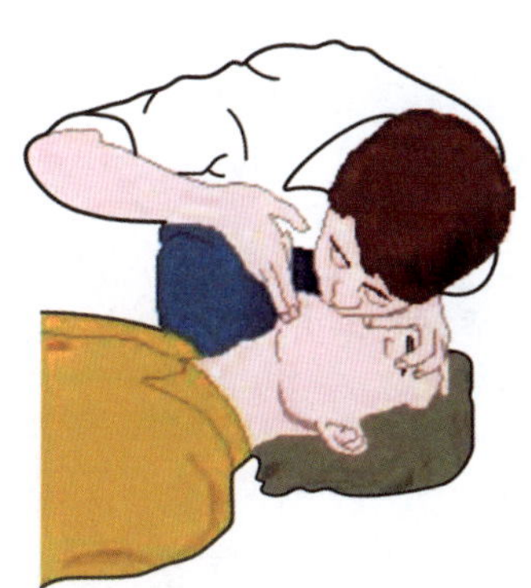

图 1–3–5　口对口人工呼吸

2）每次吹气时间应为 1 s 以上，若方法正确，能够看见胸廓起伏。吹气时如有较大阻力，可能是头部后仰不足，应及时纠正。吹气时应避免过快、过强。

3）若触电者牙关紧闭，可采取口对鼻人工呼吸，吹气时要将触电者嘴唇紧闭，防止漏气。

注意：

①应尽可能使用纱布和呼吸隔膜进行人工呼吸，避免直接接触引起交叉感染，但不能影响气体通过。

②胸外按压 30 次后应立即人工呼吸吹气 2 次（30∶2），反复进行，但不能同时进行。双人或多人进行心肺复苏时，应每 2 min（按压吹气 5 组循环）交换角色，在交换角色时抢救操作中断时间应不超过 10 s。

③高压触电急救的同时应对触电者的其他合并伤，如骨折、体表出血等做相应处理。

四、任务实施

1. 任务分配

根据实际情况分配任务，并记录在表 1–3–1 中。

表 1–3–1　任务分配

职务	姓名	工作内容
组长		监督、管理组员工作
组员		

2. 物料准备

准备任务实施所需的物料，见表 1–3–2。

表 1–3–2　物料准备

所需物料
高压安全防护用品：人身安全防护用品、环境安全防护用品等
工具、设备：心肺复苏模拟人（假人）、纱布、人体电阻模型教具、计时器等

3. 计算触电时通过人体的电流

对人体电阻模型教具施加接触电压（安全电压范围内），计算出触电时通过人体各路径的电流大小，并将相关内容填写在表 1–3–3 中。

表 1-3-3　计算通过人体的电流

<table>
<tr><th rowspan="2">序号</th><th colspan="3">接触电压：</th></tr>
<tr><th>电流通过人体路径</th><th>人体电阻</th><th>触电电流</th></tr>
<tr><td>1</td><td>手—手</td><td></td><td></td></tr>
<tr><td>2</td><td>手—单脚</td><td></td><td></td></tr>
<tr><td>3</td><td>手—双脚</td><td></td><td></td></tr>
<tr><td>4</td><td>手—胸</td><td></td><td></td></tr>
<tr><td>5</td><td>脚—脚</td><td></td><td></td></tr>
</table>

4. 高压触电急救

使用心肺复苏模拟人（假人）模拟高压触电急救过程，并将表 1-3-4 补充完整。

表 1-3-4　高压触电急救记录

序号	急救方法	急救结果	处理意见
1	切断电源		
2	检查意识		
3	检查呼吸		
4	心肺复苏		

五、检查

根据表 1-3-5 中的检查项目进行检查，并将检查结果和结果点评记录在表 1-3-5 中。

表 1-3-5　检查

<table>
<tr><th>检查项目</th><th>检查结果</th><th>结果点评</th></tr>
<tr><td colspan="3">计算触电时通过人体的电流</td></tr>
<tr><td>手—手路径电流大小的计算是否正确</td><td>是 □　否 □</td><td></td></tr>
<tr><td>手—单脚路径电流大小的计算是否正确</td><td>是 □　否 □</td><td></td></tr>
<tr><td colspan="3">高压触电急救</td></tr>
<tr><td>胸外按压与人工呼吸的比例是否正确</td><td>是 □　否 □</td><td></td></tr>
<tr><td>胸外按压的位置、姿势、频率是否正确</td><td>是 □　否 □</td><td></td></tr>
<tr><td colspan="3">整理及恢复</td></tr>
<tr><td>工具、设备是否整理恢复</td><td>是 □　否 □</td><td></td></tr>
<tr><td>实训工位是否打扫干净</td><td>是 □　否 □</td><td></td></tr>
<tr><td>工作页是否填写完整</td><td>是 □　否 □</td><td></td></tr>
</table>

六、任务小结

本任务小结如图 1-3-6 所示。

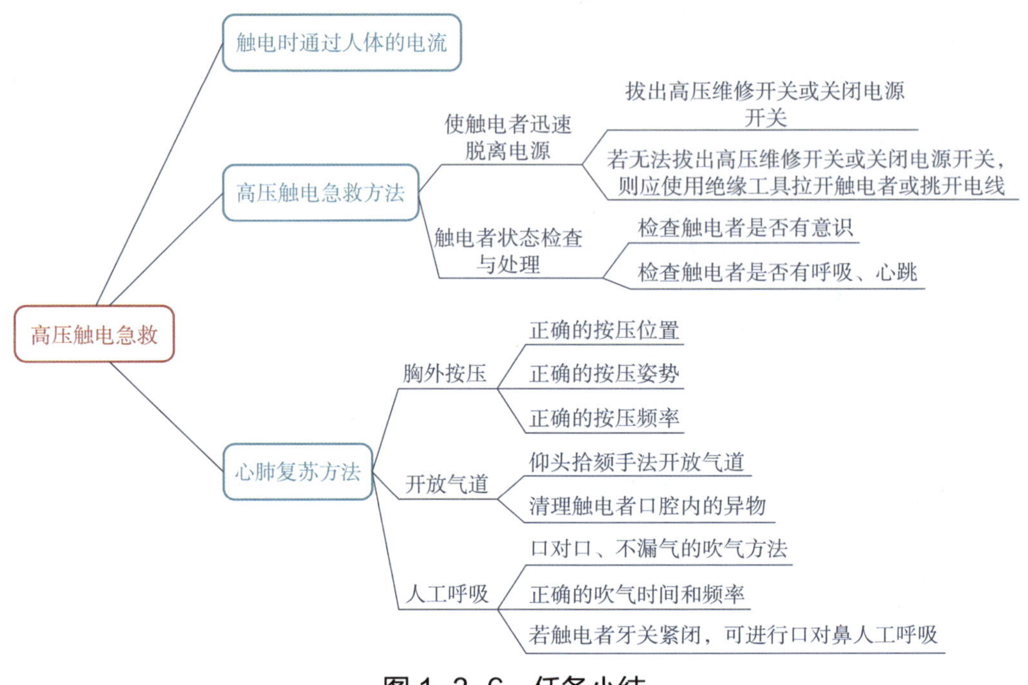

图 1-3-6　任务小结

情境二
智能网联汽车基本检查与维护

一、情境导入

场景：某智能网联汽车 4S 店

人物：小张（学徒）、王师傅（智能网联汽车维修技师）、李先生（车主）

情境：车主李先生的汽车在行驶 20 000 km 后到 4S 店进行维护。学徒小张向王师傅请教车辆维护的目的。王师傅说："定期对汽车相关部件进行检查、清洁、补给、润滑、调整或更换某些零件等工作，目的是保持车容整洁，消除隐患，延长使用周期。汽车检查与维护要求在用户手册中有明确规定，具有一定的强制性。"小张问："需要对哪些项目进行检查与维护呢？”

二、情境目标

- 能按照正确的方法对车辆外观进行检查与维护。
- 能按照正确的方法对辅助蓄电池和油液进行检查与维护。
- 能按照正确的方法对底盘进行检查与维护。

车辆外观检查与维护

一、任务导入

本任务将对智能网联汽车的外观进行检查与维护，包括车漆、玻璃、内饰件等。

二、任务目标

- 能按照正确的方法对车辆外观进行基本检查。
- 能按照正确的方法对车辆外观进行基本维护。

三、知识学习

1. 车漆、外饰件检查与维护

车漆和外饰件是车辆的“外衣”，车漆附着在金属层之上，主要功能是防锈蚀。通常情况下，剐蹭、撞击等会造成车漆破损，甚至会导致撞击位置的外饰件出现凹陷、变形等，所以需要检查车漆和外饰件的完整度。

（1）车漆检查

车漆检查的主要内容是检查有无油污、划痕、锈蚀、掉漆、鼓包等情况，如图 2-1-1 所示。

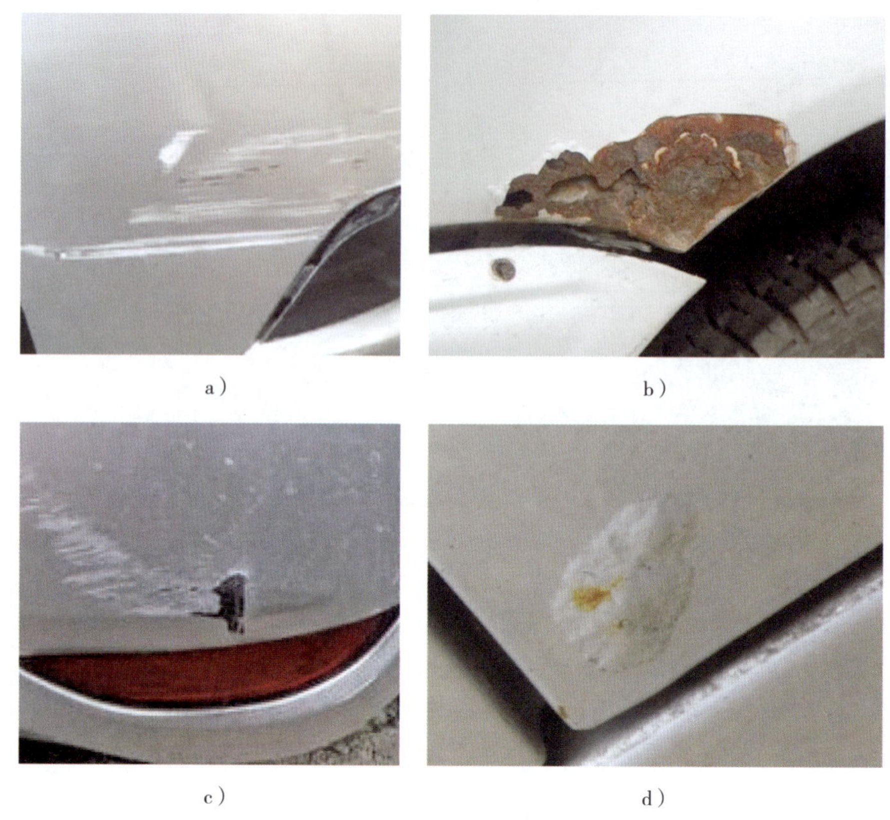

a） b）

c） d）

图 2-1-1 车漆损伤

a）划痕 b）锈蚀 c）掉漆 d）鼓包

车漆检查的方法是以 45° 角仔细观察，或者用手电筒照射检查。如有油污则使用抹布对油污进行清洁。用手电筒检查车漆如图 2-1-2 所示。

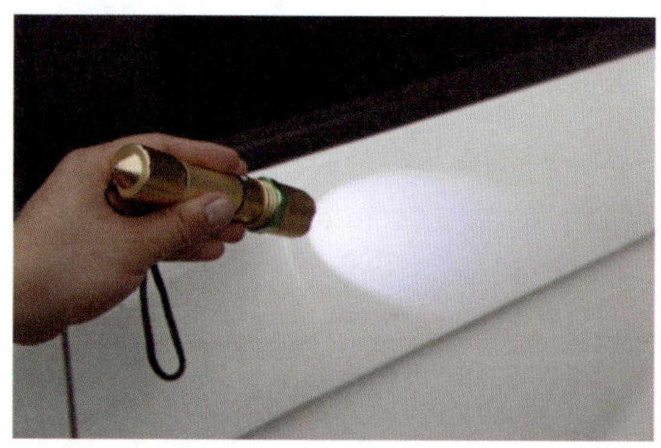

图 2-1-2 用手电筒检查车漆

（2）外饰件检查

外饰件检查的主要内容是检查外饰件是否有凹陷、变形，车门、车灯、前机舱盖等部件是否配合良好、间隙均匀，外饰件过渡处是否有明显阶差（阶差是指呈阶梯状的错位差别），如图 2-1-3 所示。

a）

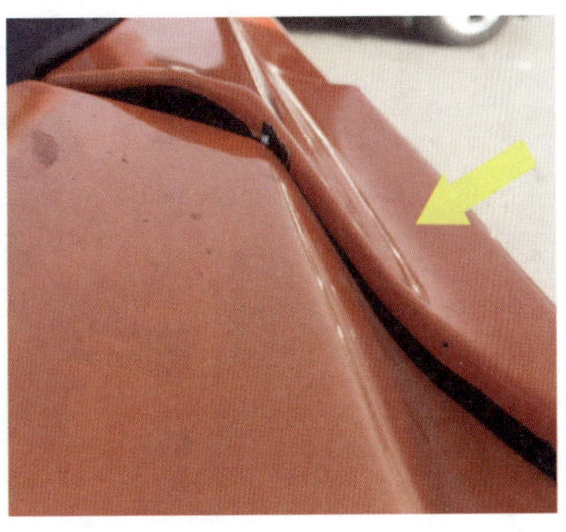

b）

图 2–1–3　外饰件损伤

a）凹陷　b）阶差

2. 车灯检查与维护

车灯检查的主要内容是通过目视检查前部、后部灯光组合表面是否有污垢，如有污垢则使用抹布对污垢进行清洁，并检查车灯是否有划痕、破损；用手轻轻晃动、按压车灯，检查车灯的安装状况是否良好，如图 2–1–4 所示。

a）

b）

图 2–1–4　前部、后部灯光组合

a）前部灯光组合　b）后部灯光组合

3. 玻璃检查与维护

玻璃检查的主要内容是检查车辆前风窗玻璃、后风窗玻璃、车门玻璃、天窗玻璃是否有严重的脏污和遮挡物，外观是否有划痕、破损、裂纹等，如图 2–1–5 所示。

驾驶员视线范围内的脏污和遮挡物会影响驾驶安全，可以使用抹布配合玻璃水进行擦拭。玻璃有严重损伤时则需要进行更换。

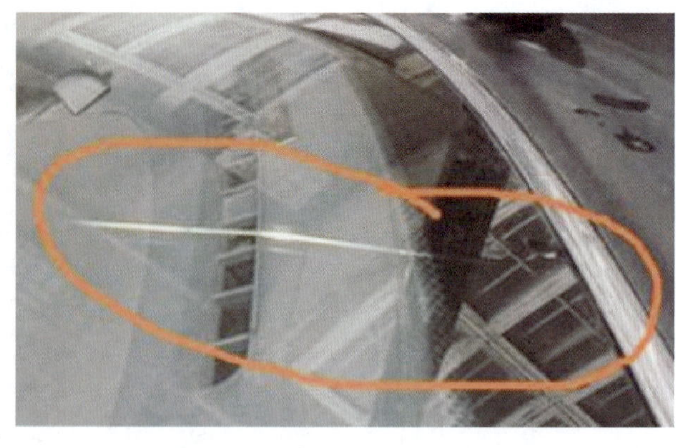

a）　　b）

图 2-1-5　玻璃损伤

a）破损　b）裂纹

4. 后视镜检查与维护

后视镜的主要作用是反映车辆后方、侧方及车内的情况，帮助驾驶员观察车辆周围状况，提高行车、倒车、泊车的安全性。根据安装位置的不同，后视镜可分为外后视镜和内后视镜，如图 2–1–6 所示。

a）　　b）

图 2–1–6　后视镜

a）外后视镜　b）内后视镜

后视镜检查的主要内容是检查车辆内、外后视镜的镜片与壳体外观是否有灰尘、脏污、裂痕、破损等情况，存在以上情况会影响驾驶安全。如有灰尘和脏污需使用抹布对后视镜的镜片进行擦拭，保证后视镜视野清晰。如后视镜有裂痕或破损，则需要及时更换相应的后视镜或镜片。

5. 刮水器检查与维护

刮水器是用来刮除附着于车辆风窗玻璃上的雨、雪及灰尘的装置，以改善能见度，保障行车安全。按照安装位置不同，刮水器可分为前风窗刮水器和后风窗刮水器，后风窗刮水器一般应用于掀背车及休旅车的后风窗，如图 2–1–7 所示。

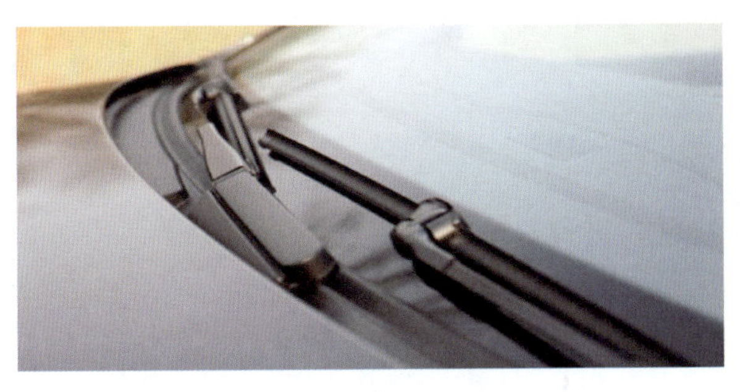

a）

b）

图 2-1-7 刮水器

a）前风窗刮水器 b）后风窗刮水器

（1）刮水器的检查

1）检查刮水片与风窗玻璃间是否有灰尘、沙粒、昆虫、树叶等异物，如有异物则用抹布清洁刮水器的刮水胶条。

2）检查刮水器的刮水胶条是否有变形、龟裂和破损，如有以上损伤，需要更换刮水胶条。

（2）刮水片的更换

查找车辆用户手册，将刮水器调节至维修位置，便于更换刮水片，如图 2-1-8 所示。

图 2-1-8 刮水器维修位置

1）在风窗玻璃上对应刮水器臂的落点位置铺设抹布，防止刮水器臂落下时损坏风窗玻璃。

2）拉起驾驶员侧的刮水器臂，然后再拉起乘员侧的刮水器臂。

3）按下刮水片锁止按键，如图 2-1-9a 所示。

4）握住刮水片卡扣处，沿图 2-1-9b 所示方向将刮水片取出。

5）选取与旧刮水片尺寸相同的新刮水片。

6）按照与取出刮水片相反的步骤装配新的刮水片。

a） b）

图 2-1-9 更换刮水片

a）按下锁止按键 b）取出刮水片

6. 前机舱盖、行李舱盖检查与维护

（1）前机舱盖、行李舱盖的检查

1）根据车辆用户手册查找前机舱盖和行李舱盖的开关。

2）打开前机舱盖后，在高举位置左右晃动，确认铰链完好。

3）将前机舱盖关闭锁好。

4）反复开启、关闭前机舱盖，检查双重锁止是否正常。

5）用同样的方法检查行李舱盖。前机舱盖与行李舱盖如图 2-1-10 所示。

a）

b）

图 2-1-10　前机舱盖与行李舱盖

a）前机舱盖　b）行李舱盖

（2）前机舱盖、行李舱盖的维护

前机舱盖和行李舱盖的维护以润滑工作为主，润滑方法如下：

1）查看车辆保养手册，查找保养手册规定的润滑脂规格。

2）打开前机舱盖，使用抹布清除前机舱盖铰链及锁扣上的灰尘和其他污垢。

3）使用小刷子将润滑脂均匀地涂抹在前机舱盖锁扣及铰链处。

4）反复开关前机舱盖，确保润滑充分并擦除多余的润滑脂。

5）以同样的方法润滑行李舱盖铰链及行李舱锁。

7. 快充口、慢充口检查与维护

通过车辆用户手册查找快充口和慢充口开关，打开快充口和慢充口，检查快充口和慢充口盖是否有损坏，安装是否牢固，开关是否正常。车辆的快充口和慢充口如图 2-1-11 所示。

快充口盖和慢充口盖的润滑方法如下：

（1）查看车辆保养手册，查找保养手册要求的润滑脂规格。

（2）打开快充口盖，使用抹布清除快充口盖铰链及锁扣上的灰尘和其他污垢。

（3）使用小刷子将润滑脂均匀地涂抹在快充口盖铰链及锁扣处，切勿涂抹过多，以免将润滑脂涂到充电口处。

（4）反复开关快充口盖，确保润滑充分并擦除多余的润滑脂。

（5）以同样的方法润滑慢充口盖铰链及锁扣。

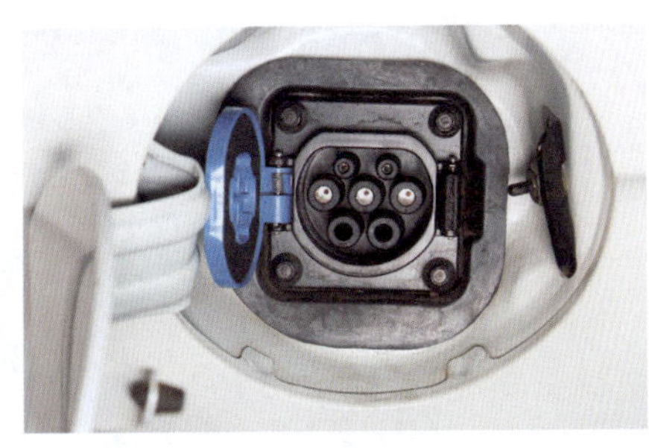

a）　　　　b）

图 2-1-11　快充口和慢充口

a）快充口　b）慢充口

8. 车门检查与维护

（1）车门的检查

1）检查车门铰链是否连接良好，无变形、无锈蚀。

2）反复开关车门，检查车门限位器是否发出异响。车门铰链与车门限位器如图 2-1-12 所示。

3）检查车门门锁是否卡滞，是否有异响。

（2）车门的维护

车门维护的主要工作是对车门限位器、铰链和门锁进行润滑，润滑方法如下：

1）开启车门至最大位置，查看车辆保养手册要求的润滑脂规格。

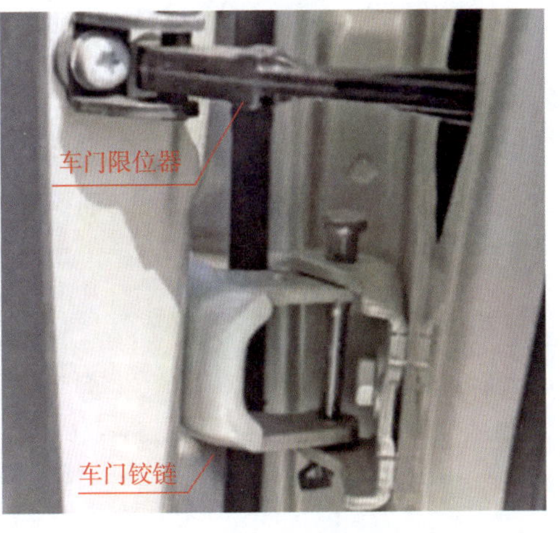

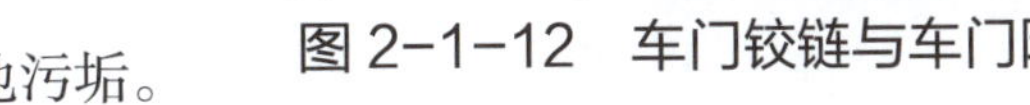

图 2-1-12　车门铰链与车门限位器

2）使用抹布清除限位器表面的灰尘和其他污垢。

3）使用小刷子将润滑脂均匀地涂抹在限位器滑动面、铰链及锁扣处。

4）反复开关车门，确保限位器滑动面表面润滑脂覆盖均匀，并擦除多余的润滑脂。

9. 被动安全设施检查与维护

（1）安全气囊的检查

1）安全气囊故障信号装置检查

起动车辆，观察安全气囊故障信号装置是否在车辆自检过程中点亮 5 s 左右并自动熄灭。如果安全气囊故障信号装置常亮或者闪烁，则需对安全气囊进行进一步的检修。安全气囊故障信号装置如图 2-1-13 所示。

图 2-1-13　安全气囊故障信号装置

2）安全气囊检查

①检查驾驶员安全气囊。驾驶员安全气囊识别标记是转向盘罩盖板上的字母“AIRBAG”。目视检查安全气囊罩盖是否损坏，若损坏应及时更换。驾驶员安全气囊识别标记及罩盖如图 2-1-14 所示。

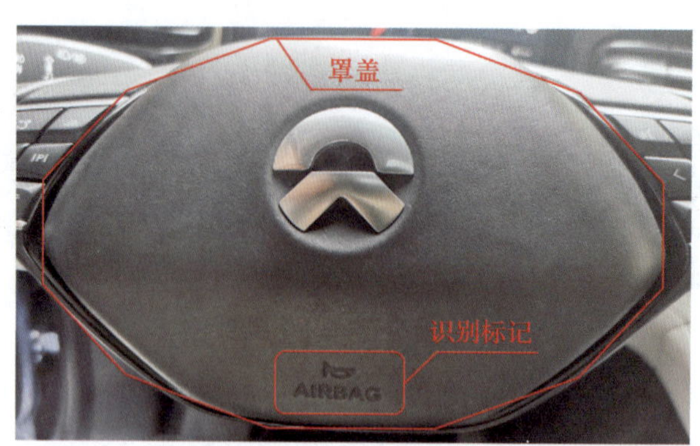

图 2-1-14　驾驶员安全气囊识别标记及罩盖

②检查副驾驶员安全气囊。副驾驶员安全气囊识别标记是仪表板右侧手套箱上方的字母“AIRBAG”，目视检查标记处是否有覆盖物，如有覆盖物则需清除覆盖物，以免影响气囊正常弹出或弹出时造成人身伤害。检查安全气囊识别标记是否损坏，若损坏应及时更换。

③检查侧安全气囊。侧安全气囊识别标记是车门侧座椅旁边标有字母“AIRBAG”的标签。目视检查安全气囊识别标记是否被座椅套包裹，如果被包裹会影响气囊正常弹开，丧失气囊的防护功能。检查安全气囊识别标记是否损坏，若损坏应及时更换。侧安全气囊识别标记如图 2-1-15 所示。

④检查侧安全气帘。侧安全气帘的识别标记是车内立柱饰板上标有字母“AIRBAG”的标签。目视检查侧安全气帘识别标记是否破损，若破损应及时更换。

图 2-1-15　侧安全气囊识别标记

（2）安全带的检查与维护

安全带是车辆重要的被动安全装置之一，与安全气囊配合使用可以最大限度地降低车辆事故对驾乘人员的伤害。

1）安全带卷收器的检查

①用力快速向下拉动安全带，检查安全带卷收器锁止是否灵敏，若不能快速锁止则需要更换。

②拉出安全带，检查安全带松开后是否可以顺利收回。

2）安全带锁扣、锁舌的检查

①检查安全带锁扣外壳是否有变形、脱落和裂开，如有损坏应立即更换。安全带锁扣和锁舌如图 2-1-16 所示。

②检查安全带锁舌是否有变形和裂开，如有损坏应立即更换。

③将安全带锁舌插入锁扣，检查锁舌能否被锁止。进行五次以上的反复检查，锁舌只要有一次未能锁止在锁扣内，则应立即更换。

3）安全带外观的检查

①完全拉出安全带。

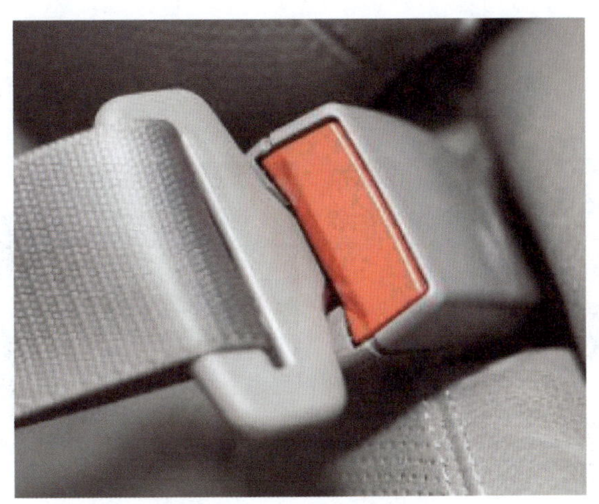
图 2-1-16　安全带锁扣和锁舌

②检查安全带是否脏污，必要时可以用中性肥皂液清洗安全带。

③检查安全带是否有断裂、扯破等损伤，安全带带边织物线圈是否有撕裂。如有以上情况需更换安全带。

4）安全带信号装置的检查

安全带信号装置如图 2-1-17 所示。起动车辆，操作人员坐在驾驶员位置上，检查在不系安全带状态下仪表板上的安全带信号装置是否点亮，并伴有“滴滴”提示音；当系上安全带后安全带信号装置是否熄灭，提示音是否消失。依次检查各座椅的安全带信号装置是否正常，若不正常应进行检修。

图 2-1-17　安全带信号装置

10. 内饰件检查与维护

（1）检查仪表板和副仪表板是否有划痕，配件是否有缺失。仪表板和副仪表板如图 2-1-18 所示。

图 2-1-18　仪表板和副仪表板

（2）检查车门内饰板、顶棚等内饰是否有破损、松动、裂缝和污渍。车门内饰板和顶棚如图 2–1–19 所示。

a）

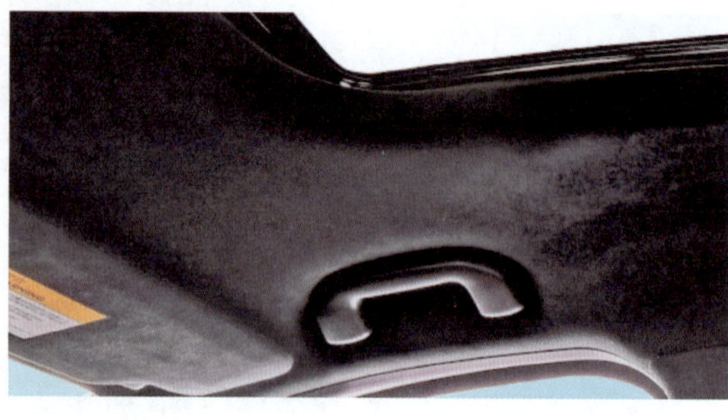

b）

图 2–1–19　车门内饰板和顶棚

a）车门内饰板　b）顶棚

（3）检查转向盘和座椅外观有无明显污渍、划痕、破损等。转向盘和座椅如图 2–1–20 所示。

a）

b）

图 2–1–20　转向盘和座椅

a）转向盘　b）座椅

车辆各内饰件如有明显污渍需按照车辆用户手册的规定，使用抹布配合专业清洗剂进行清洁，划痕破损则需要进行专业修复。

四、任务实施

1. 任务分配

根据实际情况分配任务，并记录在表 2–1–1 中。

表 2-1-1　任务分配

职务	姓名	工作内容
组长		监督、管理组员工作
组员		

2. 物料准备

准备任务实施所需的物料，见表 2-1-2。

表 2-1-2　物料准备

所需物料
防护用品：车辆防护用品等
工具、设备：实训车辆、智能钥匙、车辆用户手册、手电筒、小刷子、润滑脂、抹布、刮水片、吹风枪等

3. 车辆外观检查与维护

检查车辆外观相关项目，并进行简单维护，将相关内容记录在表 2-1-3 中。

表 2-1-3　车辆外观检查与维护记录

序号	检查项目	检查内容	检查结果	处理意见
1	车漆	漆面是否正常	正常 □	
			油污 □　划痕 □　锈蚀 □　掉漆 □ 鼓包 □　其他 □________	
2	外饰件	外饰件是否正常	正常 □	
			凹陷 □　变形 □　阶差 □ 其他 □________	
3	车灯	外观是否正常	正常 □	
			污垢 □　划痕 □　破损 □ 安装异常 □　其他 □________	
4	玻璃	外观是否正常	正常 □	
			脏污 □　划痕 □　裂纹 □ 破损 □　其他 □________	

续表

序号	检查项目	检查内容		检查结果	处理意见
5	后视镜	内后视镜外观是否正常	壳体	正常 □	
				灰尘 □ 脏污 □ 裂痕 □ 破损 □ 其他 □________	
			镜片	正常 □	
				灰尘 □ 脏污 □ 裂痕 □ 破损 □ 其他 □________	
		外后视镜外观是否正常	壳体	正常 □	
				灰尘 □ 脏污 □ 裂痕 □ 破损 □ 其他 □________	
			镜片	正常 □	
				灰尘 □ 脏污 □ 裂痕 □ 破损 □ 其他 □________	
6	刮水器	刮水片与风窗玻璃之间是否有异物		是 □ 否 □	
		刮水胶条是否正常		正常 □	
				变形 □ 龟裂 □ 破损 □ 其他 □________	
7	前机舱盖	铰链是否正常		是 □ 否 □	
		开关是否正常		是 □ 否 □	
		锁止是否正常		是 □ 否 □	
8	行李舱盖	铰链是否正常		是 □ 否 □	
		开关是否正常		是 □ 否 □	
		锁止是否正常		是 □ 否 □	
9	快充口盖	快充口盖是否有损坏		是 □ 否 □	
		快充口盖安装是否牢固		是 □ 否 □	
		快充口盖开关是否正常		是 □ 否 □	
		锁止是否正常		是 □ 否 □	
10	慢充口盖	慢充口盖是否有损坏		是 □ 否 □	
		慢充口盖安装是否牢固		是 □ 否 □	
		慢充口盖开关是否正常		是 □ 否 □	
		锁止是否正常		是 □ 否 □	
11	车门	铰链是否连接良好		是 □ 否 □	
		车门限位器是否有异响		是 □ 否 □	
		门锁是否正常		是 □ 否 □	

续表

序号	检查项目	检查内容		检查结果	处理意见
12	安全气囊	安全气囊故障信号装置是否正常		是 □　否 □	
		共有＿＿＿＿处“AIRBAG”标识			
		“AIRBAG”标识是否破损		是 □　否 □	
13	安全带	卷收器	锁止是否灵敏	是 □　否 □	
			收回是否正常	是 □　否 □	
		锁扣、锁舌	是否有变形、脱落、裂开	是 □　否 □	
			锁止是否正常	是 □　否 □	
		外观	是否有脏污	是 □　否 □	
			是否有断裂、扯破	是 □　否 □	
			带边织物线圈是否有撕裂	是 □　否 □	
		信号装置	信号装置是否正常	是 □　否 □	
14	内饰件	仪表板	是否有划痕	是 □　否 □	
			配件是否有缺失	是 □　否 □	
		副仪表板	是否有划痕	是 □　否 □	
			配件是否有缺失	是 □　否 □	
		车门内饰板	是否有污渍、破损、松动、裂缝	是 □　否 □	
		顶棚	是否有污渍、破损、松动、裂缝	是 □　否 □	
		转向盘	是否有明显污渍、划痕、破损	是 □　否 □	
		座椅	是否有明显污渍、划痕、破损	是 □　否 □	
		其他 □＿＿＿＿＿＿＿＿＿＿＿＿			

五、检查

根据表 2-1-4 中的检查项目进行检查，并将检查结果和结果点评填入表 2-1-4 中。

表 2-1-4　检查

检查项目	检查结果	结果点评
车辆外观检查与维护		
后视镜视野是否清晰	是 □　否 □	
刮水器检查与维护是否符合要求	是 □　否 □	

续表

检查项目	检查结果	结果点评
前机舱盖是否双重锁止	是 □　否 □	
整理及恢复		
工具、设备是否整理恢复	是 □　否 □	
实训工位是否打扫干净	是 □　否 □	
工作页是否填写完整	是 □　否 □	

六、任务小结

本任务小结如图 2–1–21 所示。

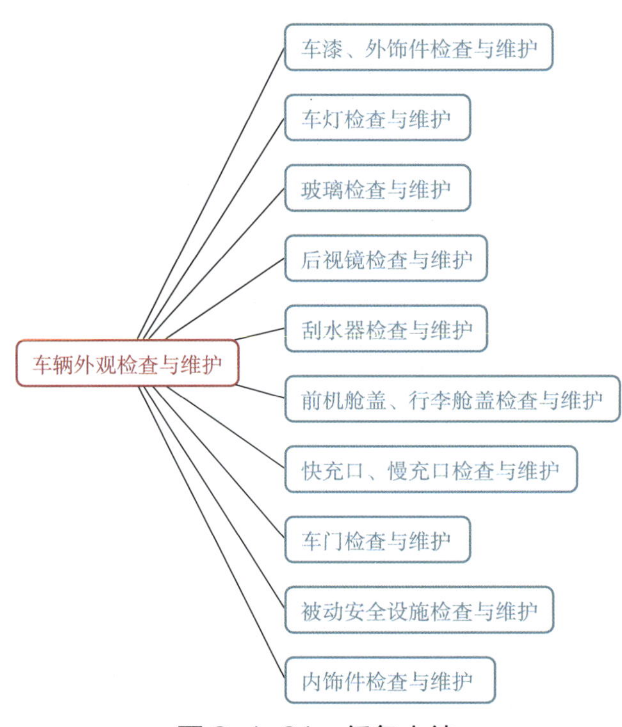

图 2–1–21　任务小结

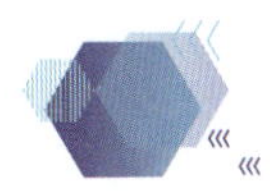

辅助蓄电池、油液检查与维护

一、任务导入

辅助蓄电池与各类油液都是损耗品，需要定期检查、添加等。本任务将对前机舱内的辅助蓄电池、制动液、风窗玻璃清洗液和冷却液进行检查与维护。

二、任务目标

- 能按照正确的方法对辅助蓄电池和油液进行检查。
- 能按照正确的方法对辅助蓄电池和油液进行维护。

三、知识学习

大部分车型的辅助蓄电池、制动液储液罐、风窗玻璃清洗液储液罐和冷却水箱都在前机舱内。因车型不同，前机舱分为开放式前机舱和封闭式前机舱。在对封闭式前机舱进行相关检查之前，需要根据车辆维修手册，按照正确的方法打开前机舱封闭罩。封闭式前机舱和开放式前机舱如图 2-2-1 所示。

a）

b）

图 2-2-1　前机舱

a）封闭式前机舱　b）开放式前机舱

1. 辅助蓄电池检查与维护

辅助蓄电池的功能是为车辆的小功率用电器及控制系统提供电能，保证车辆的正常起动和用电器的正常工作，是车辆的主要部件之一。因其长时间工作在颠簸环境下，随着使用时长的增加，其性能会逐渐下降，因此需要按照车辆保养手册定期对辅助蓄电池进行检查和维护，检查、维护项目包括壳体、固定状况、端子接线情况、电解液指示器颜色、静态电压等。辅助蓄电池如图 2-2-2 所示。

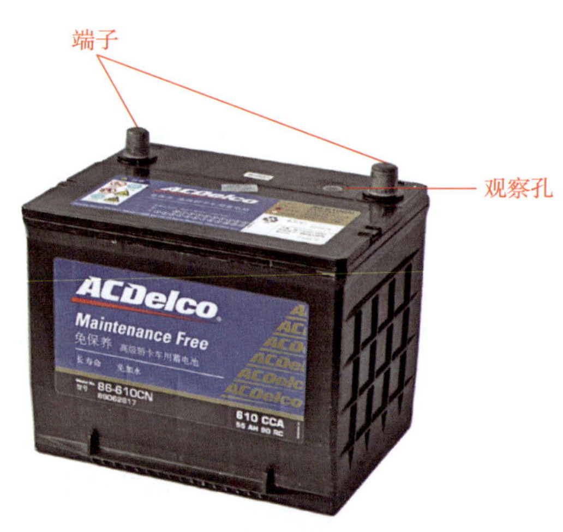

图 2-2-2　辅助蓄电池

（1）辅助蓄电池壳体检查与维护

目视检查辅助蓄电池壳体是否有变形、破损等情况。壳体损坏会导致电解液流出，对接触的零部件造成腐蚀性损坏。对于已经接触电解液的零部件，应用电解液稀释剂或肥皂液冲洗。若辅助蓄电池壳体变形则需立即更换。

（2）辅助蓄电池固定状况检查与维护

用手轻轻晃动辅助蓄电池，检查辅助蓄电池是否固定牢固。若未固定牢固，可能导致其磕碰损坏或引发严重事故，应查找车辆维修手册，以规定的力矩拧紧固定螺栓，如图 2-2-3 所示。

（3）辅助蓄电池端子检查与维护

辅助蓄电池有两个端子，分别为正极端子“+”和负极端子“–”，用于连接输出电缆。如果辅助蓄电池的端子和输出电缆未正确连接或拧紧，可能导致车辆无法正常起动，甚至导致线路失火。辅助蓄电池端子检查与维护的方法如下：

1）摘下辅助蓄电池端子防护罩。

2）晃动辅助蓄电池输出电缆，检查其是否连接牢固。

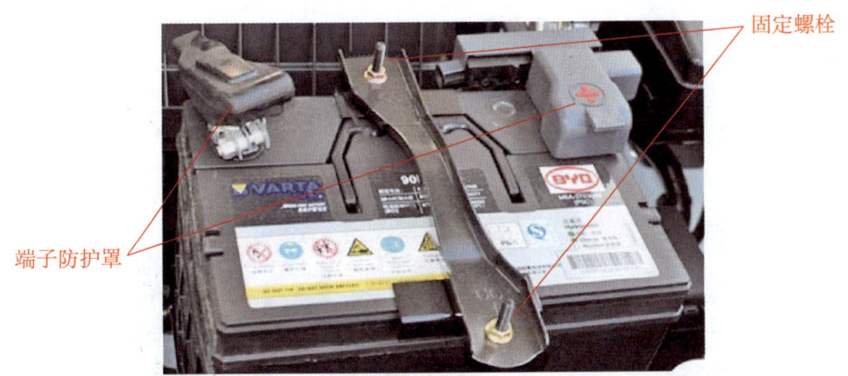

图 2-2-3　辅助蓄电池固定螺栓与端子防护罩

3）若辅助蓄电池正极电缆未连接牢固，则先将辅助蓄电池负极电缆断开，再紧固辅助蓄电池正极电缆，然后重新连接并紧固辅助蓄电池的负极电缆。

4）安装辅助蓄电池端子防护罩。

（4）辅助蓄电池电解液指示器检查与维护

辅助蓄电池的上方通常有一个电解液指示器，也称观察孔，通过辅助蓄电池电解液指示器内的颜色可以判断辅助蓄电池的状态。若电解液指示器内的颜色为绿色，表明辅助蓄电池的电量良好；若为黑色，表明辅助蓄电池需充电；若为无色或者淡黄色，表明辅助蓄电池需要更换。辅助蓄电池电解液指示器内的颜色如图 2-2-4 所示。

图 2-2-4　辅助蓄电池电解液指示器内的颜色

（5）辅助蓄电池静态电压检测

检测辅助蓄电池的静态电压时，辅助蓄电池应至少在 2 h 内既未充电，也未放电。

用万用表测量辅助蓄电池的电压，若辅助蓄电池的静态电压≥12.5 V，说明其静态电压正常；若辅助蓄电池的静态电压 <12.5 V，说明其静态电压不足，需要进一步检修。辅助蓄电池静态电压检测如图 2-2-5 所示。

图 2-2-5 辅助蓄电池静态电压检测

2. 制动液检查与维护

制动液是汽车液压制动系统中传递制动压力的液态介质，它能使车轮制动器实现制动作用，同时起到传递能量、散热、防腐、防锈以及润滑等作用。

美国石油协会（API）将车辆制动液分为 DOT3、DOT4 和 DOT5 三种，制动液的级别越高，其安全保障性越好。不同型号的制动液如图 2-2-6 所示。

a）　　b）　　c）

图 2-2-6 不同型号的制动液

a）DOT3　b）DOT4　c）DOT5

制动液储液罐的作用是储存和密封制动液，当制动管路中的制动液不足时通过储液罐进行补充。制动液储液罐通常位于前机舱内，如图 2-2-7 所示。

制动液的沸点是评价制动液性能的重要指标。制动液具有吸水性，当制动液的含水率增加时，其沸点会降低，导致汽车在高强度制动时，制动液沸腾汽化，造成制动力下降或无制动效果，影响驾驶安全。制动液检查包括制动液的液位检查和含水率检测，液位过低也会影响制动效果。

图 2-2-7　制动液储液罐

（1）制动液液位检查与维护

一般情况下，制动液的液位应处于储液罐 MAX（最高）与 MIN（最低）刻度之间，如图 2-2-8 所示。

目视检查制动液液位，若制动液液位低于 MIN 刻度，则需要检查制动液管路是否泄漏，若无泄漏则应按照制动液储液罐盖上的型号，添加相应型号的制动液至 MAX 与 MIN 刻度之间。制动液型号标记如图 2-2-9 所示。

图 2-2-8　制动液液位的正常范围

图 2-2-9　制动液型号标记

注意：制动液具有一定的腐蚀性，不要使其沾到皮肤或车身漆面上，如沾上应立即用清水冲洗。

（2）制动液含水率检测

制动液含水率可以用制动液含水率检测笔来检测。制动液含水率检测笔可以根据制动液导电率的变化来测定制动液的含水率，制动液含水率过高会导致其沸点降低，影响制动效果。制动液含水率的检测方法如下：

1）将检测笔的探测头擦拭干净。

2）将探测头完全插入待测量的制动液中。

3）一直按下顶部开关不放开，数秒后，根据检测笔的检测结果判断制动液的状态（不同品牌检测笔的使用方法应参考其说明书）。

若制动液含水率低于2%，说明制动液正常；若含水率为2%～3%，建议更换制动液；若含水率高于4%，必须更换制动液。制动液含水率检测如图2-2-10所示。

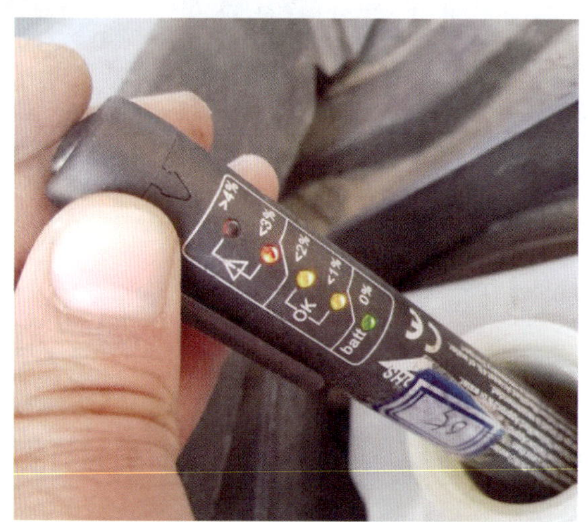

图2-2-10　制动液含水率检测

3. 风窗玻璃清洗液检查与维护

汽车风窗玻璃清洗液俗称玻璃水，一般用于清洗前风窗玻璃或车灯，通常具有润湿、渗透等功能，从而起到清洁去污的作用。冬季专用清洗液含有乙醇、乙二醇等，具有防冻作用，能快速溶解冰霜。风窗玻璃清洗液如图2-2-11所示。

图2-2-11　风窗玻璃清洗液

风窗玻璃清洗液为易耗液体，所以清洗液储液罐一般位于前机舱内靠近边缘处，以便于清洗液的加注。清洗液储液罐加注口的位置如图 2–2–12 所示。

图 2–2–12　清洗液储液罐加注口的位置

风窗玻璃清洗液的使用频率较高，所以需要定期检查清洗液液位。为保证清洗液在温度较低的环境下仍能起到相应的作用，在冬季温度较低的地区还需要检查清洗液的冰点，即清洗液在低温下的凝固点。

（1）风窗玻璃清洗液液位检查与维护

检查风窗玻璃清洗液液位前，需确定清洗液储液罐位置，清洗液储液罐标志如图 2–2–13 所示。

图 2–2–13　清洗液储液罐标志

清洗液液位检查与维护方法如下：

1）若清洗液储液罐有 MAX 和 MIN 标记，应检查清洗液液位是否位于两标记之间，若不符合要求，则补充清洗液至 MAX 与 MIN 之间。

2）若车辆有清洗液刻度尺，也可通过刻度尺上清洗液的位置判断液位是否正常，并进行相应维护。

3）若清洗液储液罐没有 MAX 和 MIN 标记，也没有清洗液刻度尺，则应打开清洗液储液罐盖观察罐内情况，若看不见清洗液则需添加直至可以看到为止。

注意：冬季用车时，需添加适用于冬季的防冻清洗液。

（2）风窗玻璃清洗液冰点检测

冰点是风窗玻璃清洗液的重要指标，一般情况下，清洗液的冰点比当地冬季最低气温低 10 ℃左右为宜。检测清洗液冰点需要使用冰点测试仪，如图 2–2–14 所示。

清洗液冰点的检测方法如下：

1）掀起冰点测试仪盖板，用柔软抹布将盖板及棱镜表面擦拭干净。

2）用吸管将清洗液滴于棱镜表面，合上盖板并轻轻按压。

3）将冰点测试仪朝向明亮处，旋转目镜使视场内刻度线清晰。

4）读出明暗分界线在最右侧标尺上的数值。汽车风窗玻璃清洗液冰点检测结果如图 2-2-15 所示。

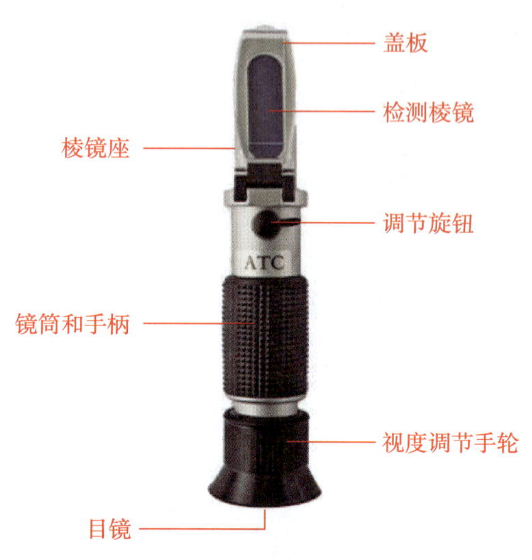

图 2-2-14　冰点测试仪

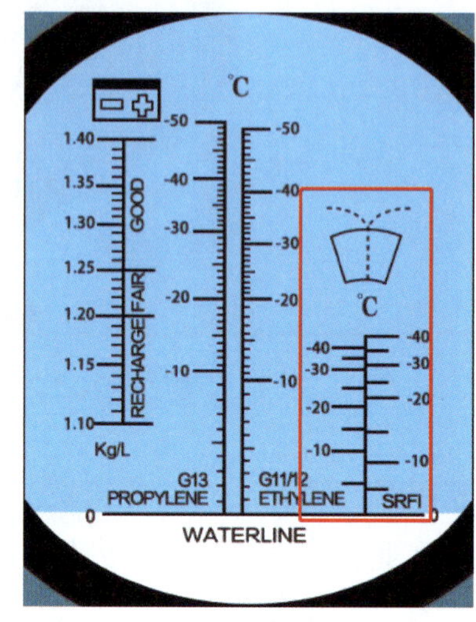

图 2-2-15　汽车风窗玻璃清洗液冰点检测结果

5）测试完毕，用柔软抹布擦净棱镜表面和盖板，清洗吸管，将仪器收纳于包装盒内。

6）判断清洗液的冰点是否符合要求，若不符合则需要将原有的清洗液间歇性喷出，然后再添加符合要求的清洗液。

4. 冷却液检查与维护

冷却液具有防冻、冷却、防腐等作用，大多数冷却液的颜色为粉色、绿色等醒目颜色，以便观察其是否泄漏，并与车辆的其他液体相区别，避免混淆。冷却液一般用于车辆动力蓄电池的温控系统和驱动总成的冷却系统中，部分车辆的空调加热系统也通过冷却液进行热量传递。

冷却水箱用于储存冷却液，一般位于前机舱内。冷却水箱的数量根据冷却液用途的不同而变化，常见数量为 1 个、2 个或 3 个。冷却水箱的位置如图 2-2-16 所示，具体车型冷却水箱的位置需根据车辆用户手册查找。

（1）冷却液冰点检测

为了防止汽车在冬季行驶时，冷却液结冰造成冷却系统胀裂，要求冷却液的冰点应低于该地区最低温度 10 ℃左右，以防天气突变。

冷却液冰点的检测方法如下：

1）掀起冰点测试仪盖板，用柔软抹布将盖板及棱镜表面擦拭干净。

2）用吸管将冷却液滴于棱镜表面，合上盖板并轻轻按压。

3）将冰点测试仪朝向明亮处，旋转目镜使视场内刻度线清晰。

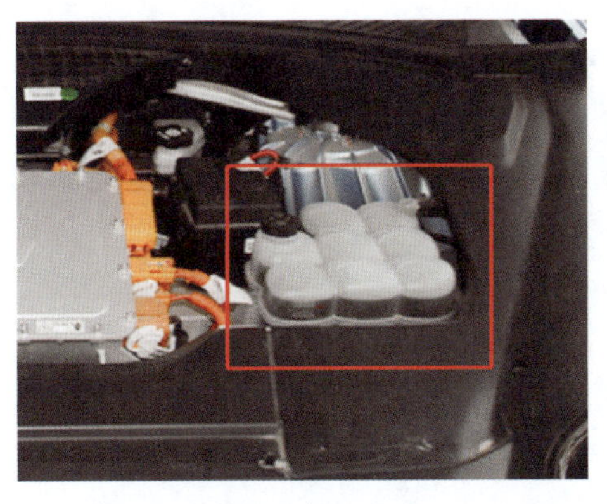

a）

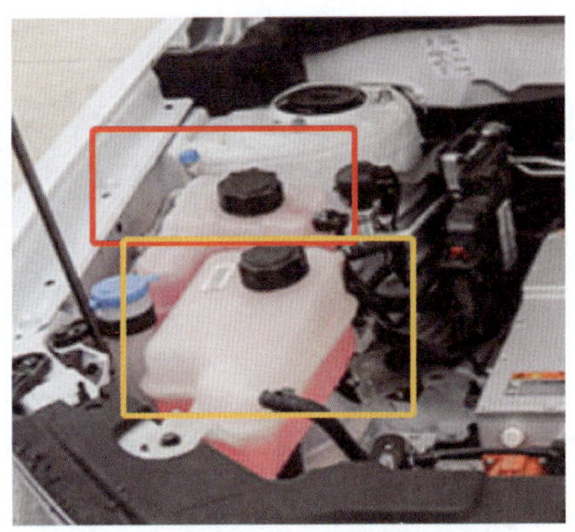

b）

c）

图 2-2-16　冷却水箱的位置

a）1 个冷却水箱　b）2 个冷却水箱　c）3 个冷却水箱

4）读出明暗分界线在最右侧标尺上的数值。冷却液冰点检测结果如图 2-2-17 所示。

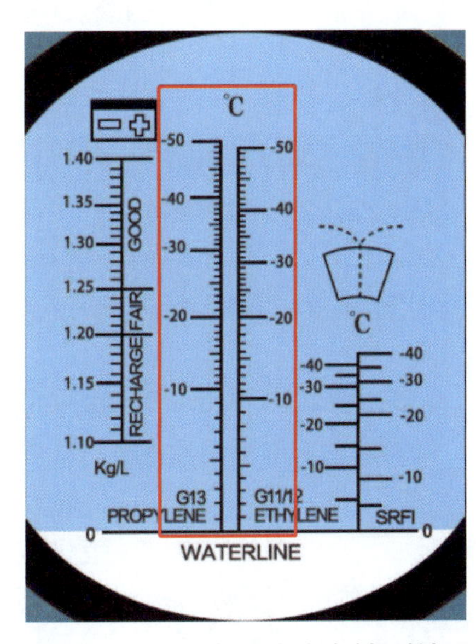

图 2-2-17　冷却液冰点检测结果

5）测试完毕，用柔软抹布擦净棱镜表面和盖板，清洗吸管，将仪器收纳于包装盒内。

6）判断冷却液的冰点是否符合要求，如不符合要求则需要更换冷却液。

（2）冷却液液位检查与维护

1）检查冷却液液位前，需按照车辆用户手册确定冷却水箱的位置。

2）查看冷却水箱内的冷却液液位是否处于 MAX 与 MIN 标记之间。

3）如果冷却液液位低于 MIN 标记，则应打开冷却水箱添加冷却液，使液位上升至 MAX 与 MIN 标记之间，再关闭冷却水箱，并检查冷却系统有无渗漏现象。

添加冷却液时需要根据车辆用户手册选择推荐的冷却液。

注意：当冷却系统处于高温状态时，请勿打开冷却水箱盖，否则高温冷却液或蒸汽会从冷却水箱中飞溅出来对人体造成伤害。冷却液有腐蚀性，如果冷却液加注时外溢，应立刻使用干抹布吸收多余的冷却液并使用清水清洗。

四、任务实施

1. 任务分配

根据实际情况分配任务，并记录在表 2–2–1 中。

表 2–2–1　任务分配

职务	姓名	工作内容
组长		监督、管理组员工作
组员		

2. 物料准备

准备任务实施所需的物料，见表 2–2–2。

表 2–2–2　物料准备

所需物料
防护用品：车辆防护用品等
工具、设备：车辆维修手册、车辆保养手册、车辆用户手册、实训整车、肥皂液、制动液、制动液含水率检测笔、风窗玻璃清洗液、抹布、万用表、冰点测试仪、绝缘工具套装、冷却液等

3. 辅助蓄电池、油液检查

对辅助蓄电池和油液进行检查，并进行简单维护，将相关内容记录在表 2–2–3 中。

表 2–2–3　辅助蓄电池、油液检查记录

序号	检查项目		检查内容	处理意见
1	辅助蓄电池	壳体	正常 □	
			变形 □　破损 □　其他 □________	
2		固定状况	牢固 □	
			晃动 □　倾斜 □　其他 □________	

续表

序号	检查项目		检查内容			处理意见
3	辅助蓄电池	端子连接状况	牢固 □ 晃动 □　其他 □________			
4		电解液指示器颜色	绿色 □　黑色 □　无色、淡黄色 □ 其他 □________			
5		静态电压	________V	静态电压是否正常	是 □　否 □	
6	制动液	液位	是否正常	是 □　否 □		
7		含水率	________%	是否符合标准	是 □　否 □	
8	风窗玻璃清洗液	液位	是否正常	是 □　否 □		
9		冰点	________℃	是否符合使用环境	是 □　否 □	
10	冷却液	液位	是否正常	是 □　否 □		
11		冰点	________℃	是否符合使用环境	是 □　否 □	

五、检查

根据表 2–2–4 中的检查项目进行检查，并将检查结果和结果点评填入表 2–2–4 中。

表 2–2–4　检查

检查项目	检查结果	结果点评
辅助蓄电池、油液检查与维护		
制动液含水率与记录是否一致	是 □　否 □	
冷却液冰点与记录是否一致	是 □　否 □	
整理及恢复		
工具、设备是否整理恢复	是 □　否 □	
实训工位是否打扫干净	是 □　否 □	
工作页是否填写完整	是 □　否 □	
各油液加注口是否关闭	是 □　否 □	
是否将车辆恢复至原始状态	是 □　否 □	

六、任务小结

本任务小结如图 2–2–18 所示。

辅助蓄电池、油液检查与维护
辅助蓄电池检查与维护
辅助蓄电池壳体检查与维护
辅助蓄电池固定状况检查与维护
辅助蓄电池端子检查与维护
辅助蓄电池电解液指示器检查与维护
辅助蓄电池静态电压检测
制动液检查与维护
制动液液位检查与维护
制动液含水率检测
风窗玻璃清洗液检查与维护
风窗玻璃清洗液液位检查与维护
风窗玻璃清洗液冰点检测
冷却液检查与维护
冷却液液位检查与维护
冷却液冰点检测

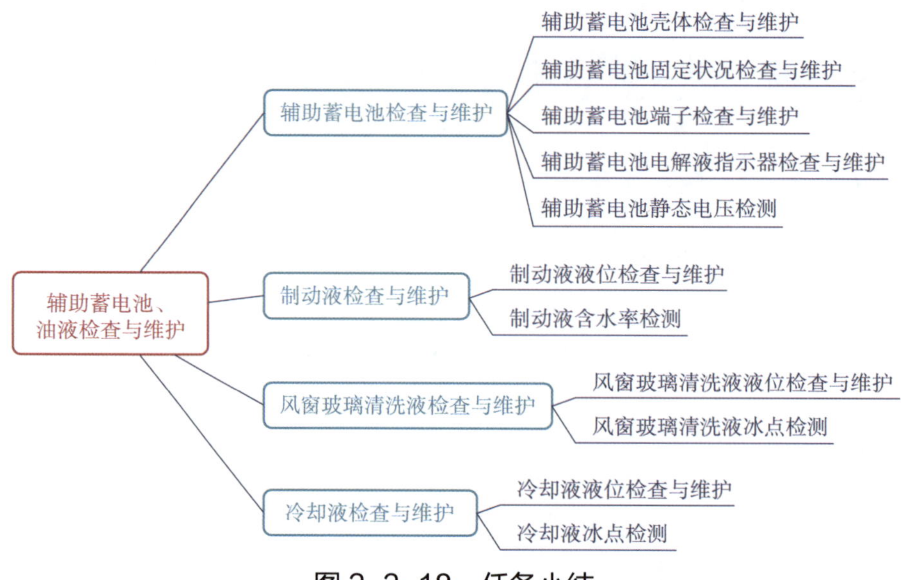

图 2-2-18　任务小结

底盘检查与维护

一、任务导入

本任务将对底盘进行检查与维护，包括传动系统、行驶系统、转向系统和制动系统的检查与维护。

二、任务目标

- 能按照正确的方法对底盘进行基本检查与简单维护。

三、知识学习

汽车底盘一般包括传动系统、行驶系统、转向系统和制动系统。底盘检查与维护对象包括减速器、驱动轴、轮胎、悬架、转向器、制动盘、制动片、制动钳、制动管路以及底盘螺栓等。检查内容包括对各部件的紧固螺栓进行检查，检查各防尘套是否损坏，检查底盘各部件是否磕碰与变形，检查特殊位置是否有油液渗漏等。维护内容包括对轮胎表面异物进行清理，补充轮胎气压，紧固底盘各部件螺栓等。

1. 传动系统检查与维护

电动汽车传动系统包括减速器和驱动轴，如图 2-3-1 所示。

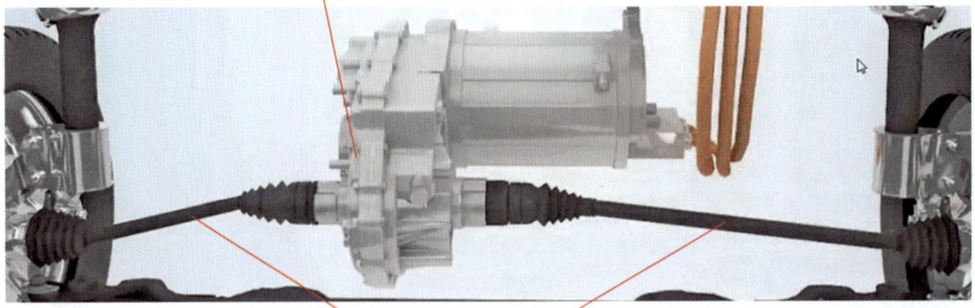

减速器

驱动轴

图 2-3-1　减速器和驱动轴

（1）减速器检查与维护

减速器一般与差速器集成为一体，主要作用是减速增扭和实现轮速差，减速器的检查与维护步骤如下：

1）关闭起动开关，举升车辆。

2）拆卸驱动电机护板。

3）检查减速器壳体是否有磕碰、变形。

4）检查减速器壳体固定螺栓是否紧固。

5）检查减速器油封、壳体密封处是否有渗、漏油现象。

（2）驱动轴检查与维护

驱动轴是将驱动电机产生的力矩传递到车轮的部件，驱动轴检查与维护步骤如下：

1）检查驱动轴与减速器连接处是否有油液渗漏，防尘套是否破损。

2）检查驱动轴与转向节连接处固定螺栓是否紧固，防尘套是否破损，未紧固的螺栓需要以车辆保养手册要求的力矩进行紧固。

3）检查驱动轴是否存在弯曲、裂痕，若存在应进行更换。

2. 行驶系统检查与维护

行驶系统检查与维护的对象主要包括轮胎和悬架系统。

（1）轮胎检查与维护

1）轮胎表面检查与维护

检查轮胎表面是否有鼓包、裂纹；轮胎的胎冠、胎壁不得有超过 25 mm 或深度足以暴露出帘布层的破裂和割伤，不得有凸起、异物刺入等影响使用的损伤，如有异物应将其剔除；检查轮辋及轮辋固定螺栓有无损伤、变形。

2）轮胎气压检测与维护

轮胎气压指轮胎内部气体的压强。推荐轮胎气压可以查阅车辆用户手册，从车门 B 柱、C 柱旁边或者充电口盖内侧的标志上也可以看到推荐轮胎气压，如图 2-3-2 所示。

胎压单位换算公式为

$$1\ \text{bar}=100\ \text{kPa}=14.5\ \text{psi}=1.02\ \text{kg/cm}^2$$

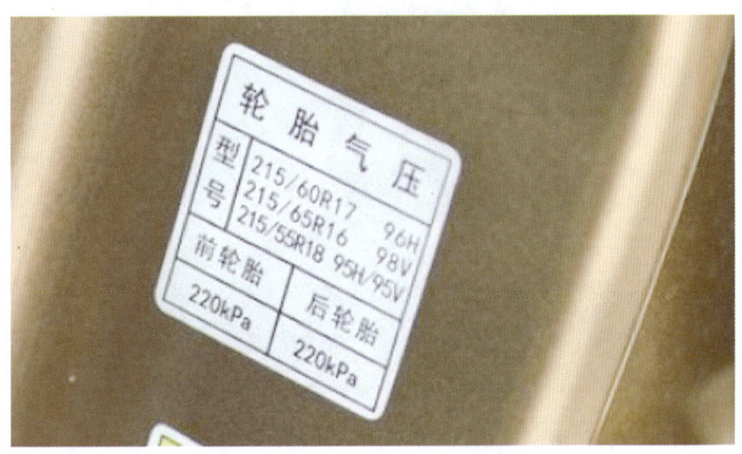

图 2-3-2　推荐轮胎气压

用手旋下轮胎气门嘴的防尘帽，使用轮胎气压表检查轮胎气压是否符合推荐要求，如图 2-3-3 所示。如果检测到气压过低则应进行充气，气压过高则应适当放气，使轮胎气压符合厂商推荐要求。

图 2-3-3　轮胎气压检测

3）轮胎漏气检查

用手旋下轮胎气门嘴的防尘帽，将轮胎气压增加到推荐值，然后在气门嘴上涂抹肥皂水，目视检查气门嘴是否存在漏气现象。如有漏气则需要更换气门芯。

4）磨损情况检查

擦净轮胎花纹顶面及纹槽，将深度尺垂直插入纹槽中，保持深度尺的测量平面与两侧花纹顶面可靠接触，同时在整个轮胎上进行多点测量，如图 2-3-4 所示。

图 2-3-4　轮胎花纹深度测量

观察并读取深度尺指示的数值，该数值即为轮胎花纹深度。轮胎花纹深度极限值为 1.6 mm，若轮胎花纹深度低于极限值，则需要更换轮胎。

（2）悬架系统检查与维护

车辆悬架系统由减振器、衬套、弹性元件、导向机构等组成，决定着车辆的稳定性、舒适性和安全性，是车辆的关键部件之一。车辆悬架系统如图 2-3-5 所示。

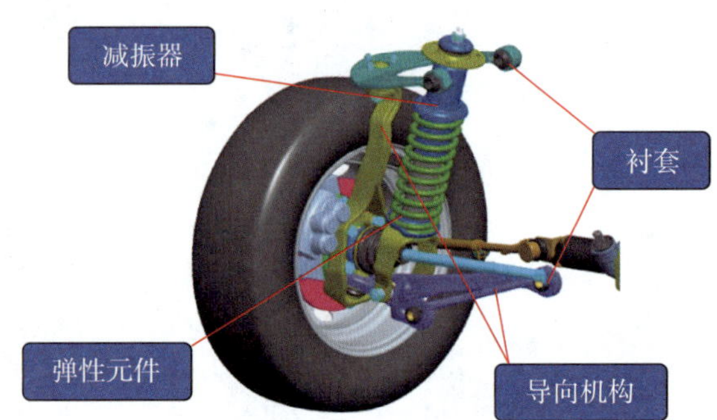

图 2-3-5　车辆悬架系统

车辆悬架系统的检查与维护步骤如下：

1）关闭起动开关，举升车辆。

2）打开车辆保养手册，按手册要求检查悬架系统各部件的固定螺栓是否紧固，未紧固的螺栓需要以保养手册规定的力矩进行紧固。

3）检查悬架系统部件有无磕碰，如有严重磕碰需评估是否需要维修。

4）检查悬架橡胶衬套，如有老化、破损则应更换。

5）检查减振器有无漏油现象，如减振器有防尘套，需检查防尘套是否破损。

6）双手握住轮胎的上下侧，来回晃动轮胎数次。如有明显松旷，则需进一步检修。

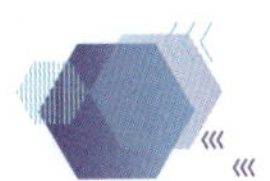

3. 转向系统检查与维护

汽车转向系统的作用是改变或保持汽车的行驶方向。汽车转向系统如图 2–3–6 所示。

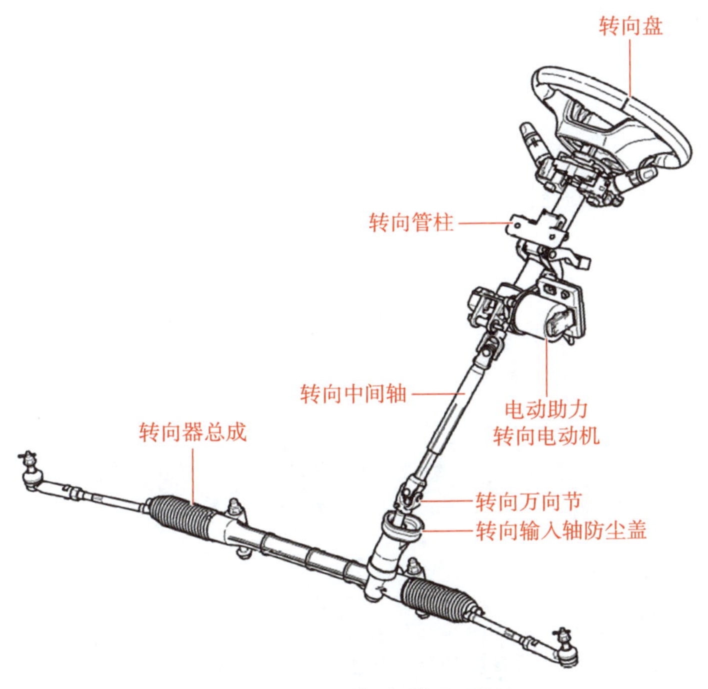

图 2–3–6　汽车转向系统

转向器的主要作用是增大转向盘传递到车轮的力并改变力的传递方向。转向器的结构组成如图 2–3–7 所示。

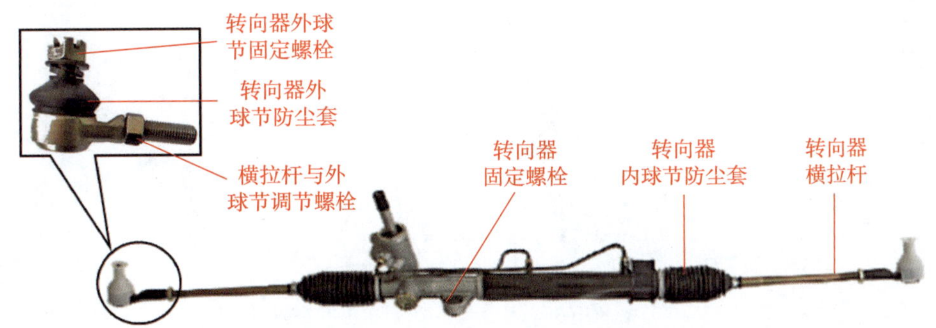

图 2–3–7　转向器的结构组成

转向器的检查与维护步骤如下：

（1）关闭起动开关，举升车辆。

（2）拆卸驱动电机下护板。

（3）检查转向器横拉杆是否松旷、变形。

（4）检查转向器外球节防尘套是否老化、破损。

（5）检查转向器外球节固定螺栓、横拉杆与外球节调节螺栓和转向器固定螺栓的紧固力矩是否符合车辆保养手册要求，若不符合则需要以车辆保养手册要求的力矩进行紧固。

（6）检查转向器内球节防尘套是否老化、破损。

4. 制动系统检查与维护

（1）制动片与制动盘检查

车辆的制动是由制动片与制动盘相互摩擦实现的，制动片属于易损件，其使用寿命与车辆的行驶环境（城市道路、山路等）、驾驶习惯、车载质量等具体情况有关。若不及时更换制动片，制动片的钢板部分会摩擦制动盘，导致制动盘损坏，而且制动距离变长，存在安全隐患。制动片如图 2-3-8 所示。

图 2-3-8　制动片

制动盘的主要材料为铸铁，异常磨损和过度锈蚀会导致其制动效果下降，如图 2-3-9 所示。

a）

b）

图 2-3-9　制动盘异常磨损与过度锈蚀

a）异常磨损　b）过度锈蚀

1）制动片厚度的检测方法

目测制动片厚度，选择合适的制动片厚度检测尺放入制动盘与制动片背板之间，并使尺片垂直于制动盘，刚好放入且无松旷的尺片量程即为制动片厚度。通常，制动片厚度极限值为 2 mm。制动片厚度检测如图 2-3-10 所示。

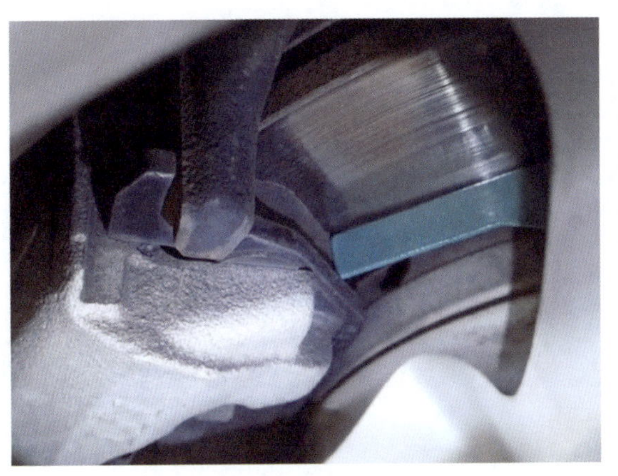

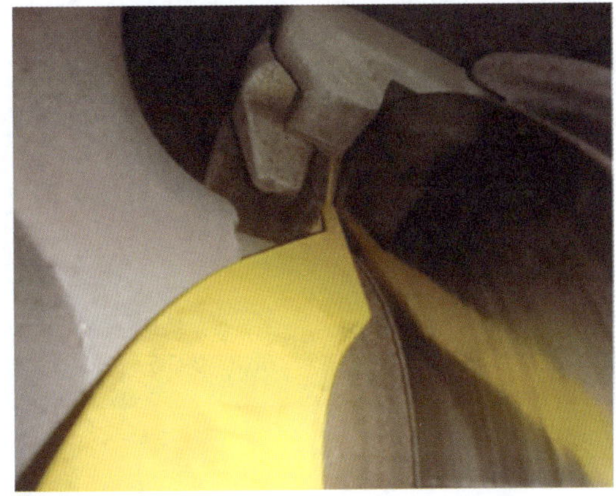

图 2-3-10　制动片厚度检测

2）制动片与制动盘的检查步骤

①目视检查制动盘是否磨损异常、锈蚀严重。

②用制动片厚度检测尺依次检测四个车轮制动片的厚度。

③查阅车辆保养手册，查看前轮制动片和后轮制动片的极限厚度值，判断制动片是否需要更换。

（2）制动钳与制动管路检查与维护

制动钳是使制动片与制动盘产生摩擦力的主要部件，它将制动管路传递来的液体压力转换为机械力矩，带动制动片夹紧制动盘，产生摩擦力。制动钳与制动管路如图 2-3-11 所示。

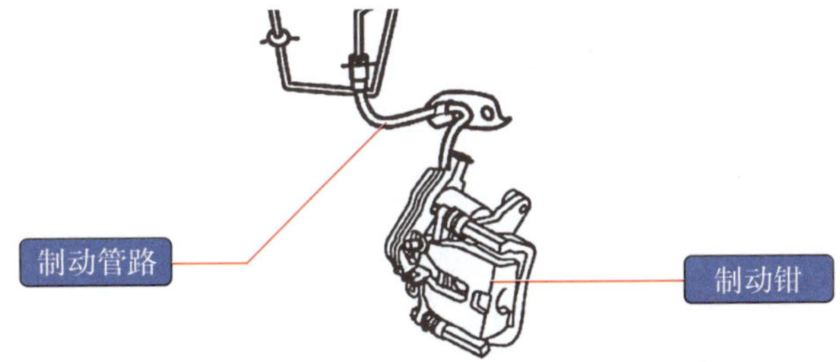

图 2-3-11　制动钳与制动管路

制动钳与制动管路的检查与维护步骤如下：

1）关闭起动开关，举升车辆。

2）用手晃动制动钳，检查制动钳是否松旷。

3）检查制动钳是否有制动液渗漏情况。

4）用双手扭动转向轮至最大转向角度，检查制动管路在转向过程中是否与底盘其他部件产生摩擦。

5）检查制动管路接口和固定装置是否牢固、是否有渗漏和锈蚀，未固定牢固的部位需要以车辆保养手册要求的力矩进行紧固。

四、任务实施

1. 任务分配

根据实际情况分配任务，并记录在表 2–3–1 中。

表 2–3–1　任务分配

职务	姓名	工作内容
组长		监督、管理组员工作
组员		

2. 物料准备

准备任务实施所需的物料，见表 2–3–2。

表 2–3–2　物料准备

所需物料
防护用品：车辆防护用品等
工具、设备：实训车辆、智能钥匙、车辆用户手册、车辆保养手册、轮胎气压表、深度尺、制动片厚度检测尺、肥皂、清水、盛水容器（盛放肥皂水）、抹布、绝缘工具套装等

3. 底盘检查与维护

检查车辆底盘并进行简单维护，将相关内容记录在表 2–3–3 中。

表 2–3–3　底盘检查与维护记录

序号	检查项目	检查内容	检查结果		处理意见
1	传动系统	减速器	壳体是否有磕碰、变形	是 □　否 □	
			螺栓是否紧固	是 □　否 □	
			是否有渗、漏油现象	是 □　否 □	
2		驱动轴	与减速器连接处是否有油液渗漏	是 □　否 □	
			与减速器连接处防尘套是否破损	是 □　否 □	
			与转向节连接处固定螺栓是否紧固	是 □　否 □	
			与转向节连接处防尘套是否破损	是 □　否 □	
			驱动轴是否存在弯曲、裂痕	是 □　否 □	

续表

序号	检查项目	检查内容	检查结果		处理意见
3	行驶系统	轮胎	表面：正常 □　鼓包 □　裂纹 □　割伤 □　破裂 □　异物刺入 □　其他 □________		
			轮辋及轮辋固定螺栓是否有损伤、变形	是 □　否 □	
			气压________ bar		
			气压是否符合推荐值	是 □　否 □	
			轮胎是否漏气	是 □　否 □	
			轮胎花纹深度________ mm		
			轮胎花纹深度是否符合标准	是 □　否 □	
4		悬架系统	各部件固定螺栓是否紧固	是 □　否 □	
			各部件有无磕碰	是 □　否 □	
			悬架橡胶衬套是否老化、破损	是 □　否 □	
			减振器是否漏油	是 □　否 □	
			减振器防尘套是否破损（若减振器有防尘套）	是 □　否 □	
			车轮是否松旷	是 □　否 □	
5	转向系统	转向器	横拉杆是否松旷、变形	是 □　否 □	
			外球节防尘套是否老化、破损	是 □　否 □	
			外球节固定螺栓是否紧固	是 □　否 □	
			横拉杆与外球节调节螺栓是否紧固	是 □　否 □	
			转向器固定螺栓是否紧固	是 □　否 □	
			内球节防尘套是否老化、破损	是 □　否 □	
6	制动系统	制动片	厚度________ mm		
			厚度是否达到极限值	是 □　否 □	
7		制动盘	磨损是否异常	是 □　否 □	
			锈蚀是否严重	是 □　否 □	
8		制动钳	是否松旷	是 □　否 □	
9			是否有制动液渗漏	是 □　否 □	
10		制动管路	接口和固定装置是否牢固	是 □　否 □	
			是否有渗漏	是 □　否 □	
			是否有锈蚀	是 □　否 □	
			是否与底盘其他部件产生摩擦	是 □　否 □	

五、检查

根据表 2-3-4 中的检查项目进行检查，并将检查结果和结果点评填入表 2-3-4 中。

表 2-3-4　检查

检查项目	检查结果	结果点评
底盘检查与维护		
轮胎花纹中的异物是否清理干净	是 □　否 □	
轮胎气压与记录是否一致	是 □　否 □	
整理及恢复		
工具、设备是否整理恢复	是 □　否 □	
实训工位是否打扫干净	是 □　否 □	
工作页是否填写完整	是 □　否 □	
驱动电机护板是否安装	是 □　否 □	

六、任务小结

本任务小结如图 2-3-12 所示。

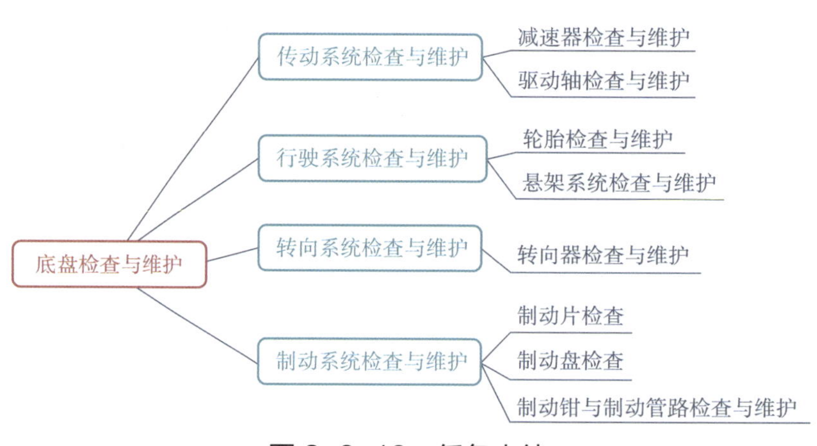

图 2-3-12　任务小结

情境三

智能网联汽车低压电气系统运行与检查

一、情境导入

场景：某智能网联汽车4S店

人物：小张（学徒）、王师傅（智能网联汽车维修技师）、李先生（车主）

情境：车主李先生在汽车行驶20 000 km后到4S店做保养，维修技师王师傅安排学徒小张对车辆低压电气系统进行检查。小张需要检查的项目有哪些？又该怎样进行检查呢？

二、情境目标

- 能按照正确的方法对车辆各基础电器进行运行与检查。
- 能按照正确的方法对人机交互系统进行运行与检查。
- 能按照正确的方法对智能空调系统进行运行与检查。
- 能按照正确的方法对智能座椅系统进行运行与检查。
- 能按照正确的方法对灯光系统进行运行与检查。

基础电器运行与检查

一、任务导入

本任务将对车辆客舱内的仪表、车门（锁止 / 解锁）、车窗（升 / 降）、天窗、后视镜、刮水器等基础电器进行运行与检查。

二、任务目标

- 能按照正确的方法对车辆客舱内的基础电器运行状况进行检查。

三、知识学习

1. 仪表运行与检查

汽车仪表是显示车辆运行参数、车辆状态及故障警告信号的装置。为便于驾驶员查看，汽车仪表安装在驾驶员前方的仪表板上，常见显示内容有挡位、车速、总里程、续驶里程等信息，如图 3–1–1 所示。

检查仪表时，首先检查当起动开关位于 ON 挡时仪表是否能正常点亮并显示信息，之后对仪表外观进行检查，若有灰尘或污垢则使用湿润、柔软的抹布进行擦拭，若有破损或影响查看的裂纹则需要对仪表进行更换，然后检查仪表是否牢固，若有松动则应进行紧固。

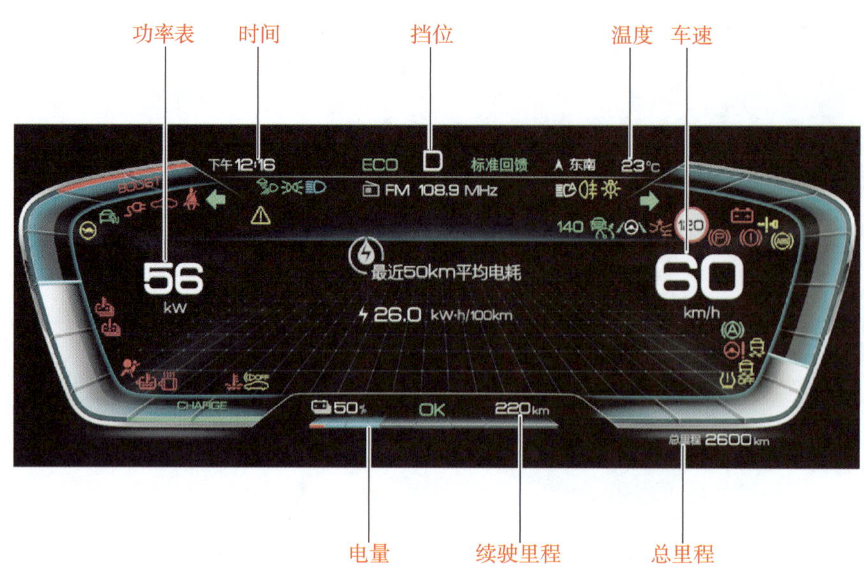

图 3-1-1　汽车仪表显示内容

2. 中控显示屏运行与检查

中控显示屏安装于车辆仪表板中间位置，传统的中控显示屏主要为驾乘人员提供多媒体、空调信息显示等功能。随着科技的发展，中控显示屏又具备了导航、通话及车辆功能设置等人机交互功能。中控显示屏如图 3-1-2 所示。

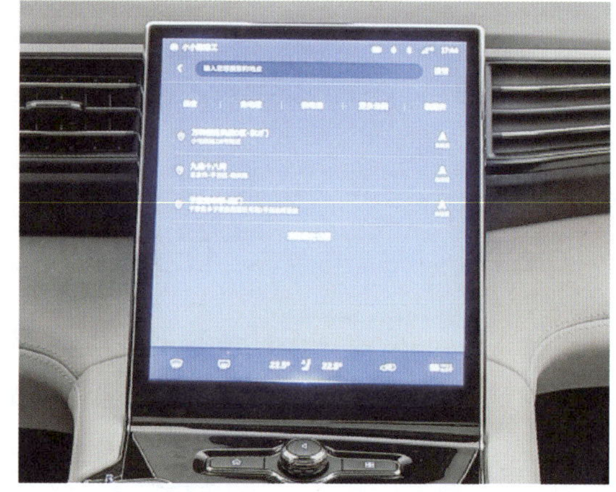
图 3-1-2　中控显示屏

中控显示屏的运行与检查方法如下：

（1）目视检查中控显示屏外观是否有灰尘、脏污等。

（2）打开启动开关，查看中控显示屏是否显示正常，有无漏光、花屏等情况。

（3）用手指对中控显示屏进行触控测试，需要多点、多次进行触控操作，检查触控反应是否灵敏、有无失效（注意保持手指干燥）。

若中控显示屏外观脏污，则应使用湿润、柔软的抹布进行擦拭；若中控显示屏显示异常、反应迟缓或触摸失效，则需要对其进行进一步检查与更换。

3. 车门锁止 / 解锁运行与检查

车门锁止是车辆防盗的方法之一，它不仅能有效防止车内物品被盗，还能防止车辆在行驶过程中误开车门，保障驾乘人员安全。车门锁止 / 解锁可以通过智能钥匙和中控锁开关控制，也可以通过车辆自动控制。

（1）车门锁止 / 解锁运行方法

1）在智能钥匙的有效范围内，按车门锁止按键可锁止所有车门；按车门解锁按键可解锁所

有车门；按行李舱解锁按键可解锁行李舱。智能钥匙如图 3–1–3 所示。

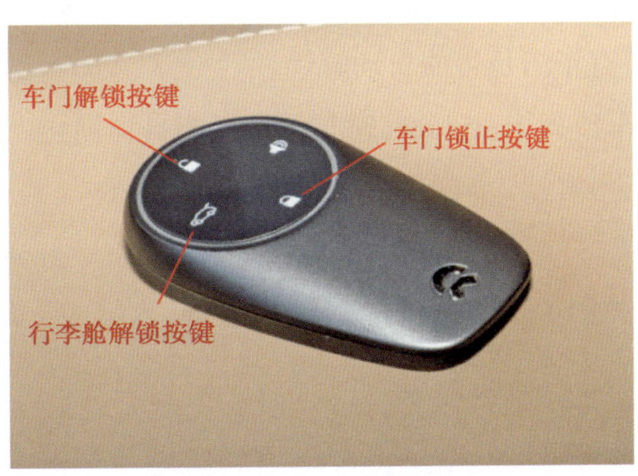

图 3–1–3　智能钥匙

2）中控锁开关位于驾驶员侧车门内饰板上或副仪表板上，通过中控锁开关将车门锁止后，所有车门无法从外部打开，且无法通过拉动一次车门内把手将车门从内部打开（连续拉动两次车门内把手可以从内部紧急打开车门）。中控锁开关及车门内把手如图 3–1–4 所示。

a）

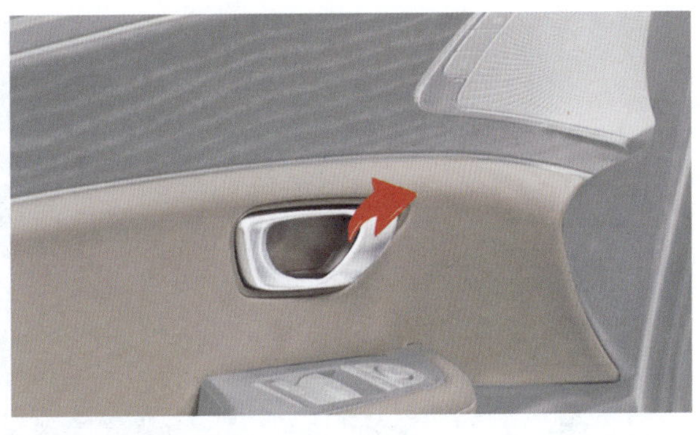

b）

图 3–1–4　中控锁开关及车门内把门

a）中控锁开关　b）车门内把手

3）对于具有无钥匙进入功能的车辆，当智能钥匙与车身的距离大于一定值后将自动锁止所有车门，当智能钥匙与车身的距离小于一定值后将自动解锁所有车门。

4）为保障行车过程中驾乘人员的安全，当车速高于 15 km/h 时车门也会自动锁止。

（2）车门锁止 / 解锁检查方法

1）智能钥匙：确保车辆的起动开关位于 OFF 挡，并且所有车门及前机舱盖、行李舱盖均处于关闭状态后，用智能钥匙锁止 / 解锁车辆车门，检查智能钥匙是否可以正常控制车门的锁止与解锁。

2）中控锁开关：在确保所有车门及前机舱盖、行李舱盖均处于关闭状态后，用中控锁开关锁止 / 解锁车辆，检查中控锁是否可以正常控制车门的锁止与解锁，且能在车门锁止状态下从内部紧急打开车门。

3）无钥匙进入：将智能钥匙放在车辆一定距离外，检查所有车门是否能自动锁止，之后将智能钥匙靠近车辆，检查所有车门是否能自动解锁。

4）自动锁止：检查当车速高于 15 km/h 时车门是否能自动锁止。

如果车门无法正常锁止与解锁，则需要进一步检修。

注意：用中控锁开关锁止车门后，需要另一名操作人员检查车门是否能从外部打开。

4. 车窗运行与检查

车窗是汽车车身的重要组成部分，是为了满足车内采光、通风及驾乘人员的视野需要而设计的，现代汽车大多采用电动车窗。

驾驶员侧车门内饰板上的车窗升降总控按键可以控制四个车窗的升降，以及除驾驶员侧车窗外其他车窗的锁止。乘客侧车门上的车窗升降按键只能控制各自车窗的升降，且车窗锁止功能启动后无法升降车窗。车窗控制按键如图 3–1–5 所示。

a）

b）

图 3–1–5　车窗控制按键

a）驾驶员侧　b）乘客侧

（1）车窗升 / 降运行方法

车窗升降按键的上、下方向分别有手动升降和自动升降两个挡位。

手动降窗：向下按压按键，接触第一挡位，车窗将下降，直至松开按键或车窗下降至底部后停止。

自动降窗：向下按压按键，接触第二挡位，车窗将自动下降，直至有新的上升 / 下降操作或车窗下降至底部后停止。

手动升窗：向上抬起按键，接触第一挡位，车窗将上升，直至松开按键或车窗上升至顶部后停止。

自动升窗：向上抬起按键，接触第二挡位，车窗将自动上升，直至有新的上升 / 下降操作或车窗上升至顶部后停止。

（2）车窗升 / 降检查方法

1）将车辆的起动开关置于 ON 挡。

2）使用车窗升降总控按键分别控制左前、右前、左后和右后车窗的自动升降和手动升降，检查车窗升降是否正常。

3）分别操纵右前、左后和右后乘客侧的车窗控制按键，检查车窗的自动升降和手动升降是否正常。

4）检查车窗的升降过程是否正常，车窗是否有卡滞、异响。

5）检查车窗密封条及车窗导轨内是否有灰尘、碎屑等杂物，如有应使用吹风枪对杂物进行清理，并按照车辆保养手册的要求，使用相应规格的润滑脂对车窗密封条进行适当润滑，避免密封条老化。

6）按下驾驶员侧的车窗锁止按键，检查除驾驶员侧的各车窗是否锁止。若无法正常锁止，则需要对车窗进行检修。

5. 天窗运行与检查

天窗安装于车辆顶部，具有使车内空气流通、快速降温、消除雾气、开阔视野、降低噪声等作用，有效地解决了使用车窗通风时在车内产生空气对流的问题。

（1）天窗运行方法

天窗控制开关一般位于前排车顶中部，包括天窗开关和遮阳帘开关。与车窗升降按键类似，天窗控制开关能够手动、自动控制遮阳帘及天窗的开启和关闭。天窗控制开关如图 3-1-6 所示。

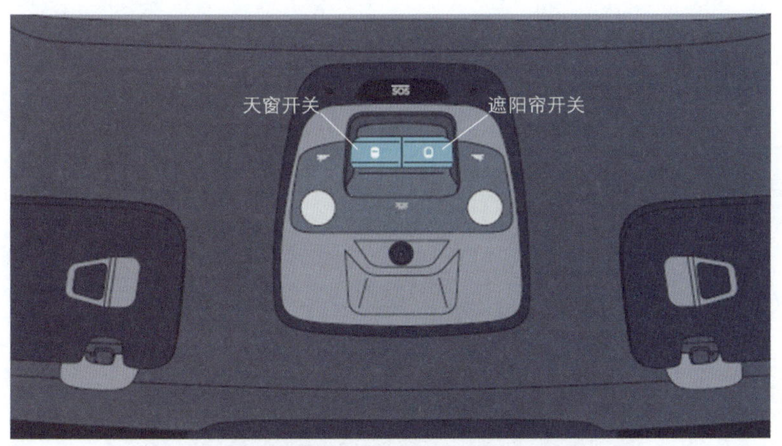

图 3-1-6　天窗控制开关

将车辆起动开关置于 ON 挡，首先通过遮阳帘开关打开遮阳帘，之后通过天窗开关将天窗打开至翘起状态后关闭，然后通过天窗开关将天窗滑动打开后关闭，再关闭遮阳帘。当遮阳帘和天窗都在关闭状态下时，直接打开天窗，遮阳帘将随天窗一并打开；当遮阳帘和天窗都在打开状态下时，直接关闭遮阳帘，天窗将随遮阳帘一并关闭。天窗打开状态如图 3–1–7 所示。

a）

b）

图 3–1–7　天窗打开状态

a）翘起状态　b）打开状态

（2）天窗检查方法

由于电动天窗的结构和工作环境复杂，所以需要定期检查与维护，方法如下：

1）通过控制遮阳帘开关和天窗开关，检查遮阳帘和天窗的开启、关闭是否正常，并观察天窗在开关过程中是否有异响、卡滞等现象。

2）打开天窗，检查天窗外侧密封条上是否有灰尘、沙粒等异物，如有以上情况需用湿润、柔软的抹布擦拭、清除，避免划伤密封条，导致天窗的密封性能下降。清洁后应在密封条上涂抹适量滑石粉，避免密封条老化。

3）检查两侧导轨及水槽是否有灰尘、沙粒、树叶等杂物沉积，如有杂物需要用小刷子清理，防止排水孔被杂物堵塞，导致天窗排水不畅。清理完毕，应在滑动轨道部分涂抹适量润滑脂。向水槽内倒入少量清水，检查天窗排水管是否堵塞。天窗的清理如图 3–1–8 所示。

图 3–1–8　天窗的清理

6. 外后视镜运行与检查

外后视镜调节开关一般位于驾驶员侧车门内饰板上，如图 3-1-9 所示。

图 3-1-9　外后视镜调节开关

（1）外后视镜运行方法

1）首先选择要调节的外后视镜，L 表示左侧外后视镜，R 表示右侧外后视镜，O 表示空挡无动作。

2）将后视镜调节旋钮上、下、左、右拨动可以控制后视镜镜片向对应的方向运动。

3）将后视镜调节旋钮置于折叠挡位时，可以将后视镜向内折叠；对于具有后视镜自动折叠功能的车辆，当车辆锁止后后视镜会自动折叠，车辆解锁后后视镜会自动展开。

4）将后视镜调节旋钮置于加热挡位时，可以开启后视镜加热、除霜功能。

（2）外后视镜检查方法

通过外后视镜调节开关，分别对左、右侧外后视镜的角度调整、折叠、加热功能进行检查，如果功能失效，则需要对失效功能进行相应的检修。

7. 喇叭功能检查

喇叭是汽车的音响信号装置。在汽车的行驶过程中，驾驶员根据需要和规定发出必要的音响信号，引起行人和其他车辆的注意，保证交通安全。喇叭开关的触点在转向盘与主气囊总成之间，通过按压接触控制喇叭工作。喇叭接触触点位于主气囊 3 点、6 点、9 点和 12 点钟方向，需要将各方向按压一遍检查喇叭工作是否正常。只要在按压过程中有一次喇叭没有鸣响，则需要对喇叭进行进一步检修。喇叭按键区域如图 3-1-10 所示。

图 3-1-10　喇叭按键区域

8. 刮水器 / 洗涤器运行与检查

刮水器 / 洗涤器组合开关位于转向盘下方右侧，刮水功能分为连续刮水（MIST）、间歇刮水

（INT）、自动刮水（AUTO）、慢速刮水（LO）、快速刮水（HI）等模式；洗涤功能分为前风窗洗涤和后风窗洗涤。刮水器 / 洗涤器组合开关如图 3-1-11 所示。

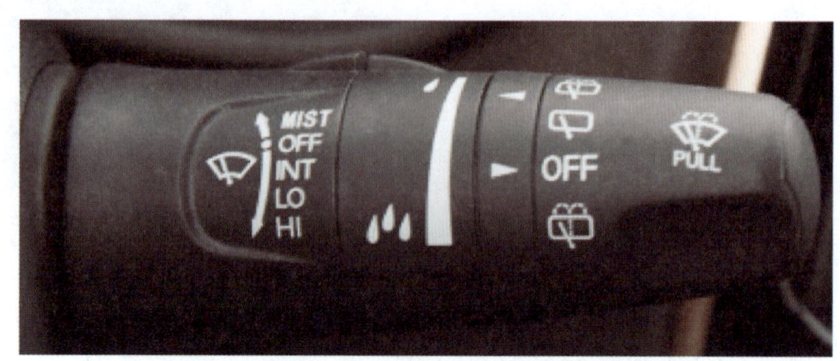

图 3-1-11　刮水器 / 洗涤器组合开关

（1）刮水器 / 洗涤器运行方法

1）将车辆起动开关置于 ON 挡，将刮水器 / 洗涤器组合开关调整至前风窗或后风窗洗涤位置，之后将组合开关挑起（靠近转向盘方向），洗涤器喷水，刮水器运动。松开组合开关后，洗涤器将停止喷水，刮水器将摆动 3 次后停止运动。

2）将组合开关向车辆前、后方向推动，切换不同的刮水模式。

（2）刮水器 / 洗涤器检查方法

1）检查前、后风窗洗涤功能是否正常。

2）检查各种刮水模式是否正常。

3）检查风窗玻璃清洗液是否均匀喷射在前风窗玻璃上，若喷射不均匀（如过高、过低、过窄），则需要调整或更换喷嘴。

4）检查刮水器工作时有无卡顿和异响，若有则应进行进一步检修。

四、任务实施

1. 任务分配

根据实际情况分配任务，并记录在表 3-1-1 中。

表 3-1-1　任务分配

职务	姓名	工作内容
组长		监督、管理组员工作
组员		

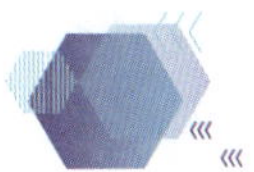

2. 物料准备

准备任务实施所需的物料，见表 3–1–2。

表 3–1–2　物料准备

所需物料
防护用品：车内防护用品等
设备、工具、材料：实训车辆、智能钥匙、车辆用户手册、小刷子、滑石粉、润滑脂、抹布、清水、盛水容器等

3. 基础电器运行与检查

对车辆基础电器相关项目进行运行与检查，将相关内容记录在表 3–1–3 中。

表 3–1–3　基础电器运行与检查记录

序号	检查项目	检查内容		检查结果	处理意见
1	仪表	是否能正常点亮		是 □　否 □	
		是否能显示信息		是 □　否 □	
		外观		正常 □	
				灰尘 □　污垢 □　裂纹 □　破损 □ 其他 □________	
		固定是否牢固		是 □　否 □	
2	中控显示屏	外观		正常 □	
				灰尘 □　脏污 □　其他________	
		显示		正常 □	
				漏光 □　花屏 □　其他 □________	
		触摸		正常 □	
				反应迟缓 □　失效 □　其他 □________	
3	车门锁止 / 解锁	智能钥匙	锁止	正常 □　异常 □	
			解锁	正常 □　异常 □	
		中控锁	锁止	正常 □　异常 □	
			解锁	正常 □　异常 □	
		无钥匙进入	锁止	正常 □　异常 □	
			解锁	正常 □　异常 □	
		自动锁止 / 解锁		正常 □　异常 □	
4	车窗	驾驶员侧左前车窗升降按键控制	下降	正常 □　异常 □	
			上升	正常 □　异常 □	
		驾驶员侧右前车窗升降按键控制	下降	正常 □　异常 □	
			上升	正常 □　异常 □	

续表

<table>
<tr><th>序号</th><th>检查项目</th><th colspan="3">检查内容</th><th>检查结果</th><th>处理意见</th></tr>
<tr><td rowspan="16">4</td><td rowspan="16">车窗</td><td colspan="2" rowspan="2">驾驶员侧左后车窗升降按键控制</td><td>下降</td><td>正常 □ 异常 □</td><td rowspan="16"></td></tr>
<tr><td>上升</td><td>正常 □ 异常 □</td></tr>
<tr><td colspan="2" rowspan="2">驾驶员侧右后车窗升降按键控制</td><td>下降</td><td>正常 □ 异常 □</td></tr>
<tr><td>上升</td><td>正常 □ 异常 □</td></tr>
<tr><td colspan="2" rowspan="2">乘客侧右前车窗升降按键控制</td><td>下降</td><td>正常 □ 异常 □</td></tr>
<tr><td>上升</td><td>正常 □ 异常 □</td></tr>
<tr><td colspan="2" rowspan="2">乘客侧左后车窗升降按键控制</td><td>下降</td><td>正常 □ 异常 □</td></tr>
<tr><td>上升</td><td>正常 □ 异常 □</td></tr>
<tr><td colspan="2" rowspan="2">乘客侧右后车窗升降按键控制</td><td>下降</td><td>正常 □ 异常 □</td></tr>
<tr><td>上升</td><td>正常 □ 异常 □</td></tr>
<tr><td colspan="3">驾驶员侧车窗锁止按键控制</td><td>正常 □ 异常 □</td></tr>
<tr><td colspan="3" rowspan="2">升降过程</td><td>正常 □</td></tr>
<tr><td>卡滞 □ 异响 □ 其他 □________</td></tr>
<tr><td colspan="3" rowspan="2">密封条及车窗导轨</td><td>正常 □</td></tr>
<tr><td>灰尘 □ 碎屑 □ 其他 □________</td></tr>
<tr></tr>
<tr><td rowspan="11">5</td><td rowspan="11">天窗</td><td colspan="3" rowspan="2">天窗开启、关闭</td><td>正常 □</td><td rowspan="11"></td></tr>
<tr><td>异响 □ 卡滞 □ 其他 □________</td></tr>
<tr><td colspan="3" rowspan="2">天窗翘起</td><td>正常 □</td></tr>
<tr><td>异响 □ 卡滞 □ 其他 □________</td></tr>
<tr><td colspan="3">遮阳帘开启、关闭</td><td>正常 □ 异常 □</td></tr>
<tr><td colspan="3" rowspan="2">外侧密封条</td><td>正常 □</td></tr>
<tr><td>灰尘 □ 沙粒 □ 其他 □________</td></tr>
<tr><td colspan="3" rowspan="2">导轨及水槽</td><td>正常 □</td></tr>
<tr><td>灰尘 □ 沙粒 □ 树叶 □
其他 □________</td></tr>
<tr><td colspan="3">排水孔</td><td>正常 □ 堵塞 □</td></tr>
<tr></tr>
<tr><td rowspan="8">6</td><td rowspan="8">外后视镜</td><td rowspan="8">外后视镜调节</td><td rowspan="4">左侧</td><td>上</td><td>正常 □ 异常 □</td><td rowspan="8"></td></tr>
<tr><td>下</td><td>正常 □ 异常 □</td></tr>
<tr><td>左</td><td>正常 □ 异常 □</td></tr>
<tr><td>右</td><td>正常 □ 异常 □</td></tr>
<tr><td rowspan="4">右侧</td><td>上</td><td>正常 □ 异常 □</td></tr>
<tr><td>下</td><td>正常 □ 异常 □</td></tr>
<tr><td>左</td><td>正常 □ 异常 □</td></tr>
<tr><td>右</td><td>正常 □ 异常 □</td></tr>
</table>

续表

<table>
<tr><th>序号</th><th>检查项目</th><th colspan="2">检查内容</th><th>检查结果</th><th>处理意见</th></tr>
<tr><td rowspan="4">6</td><td rowspan="4">外后视镜</td><td rowspan="2">外后视镜折叠</td><td>左侧</td><td>正常 □　异常 □</td><td rowspan="4"></td></tr>
<tr><td>右侧</td><td>正常 □　异常 □</td></tr>
<tr><td rowspan="2">外后视镜加热</td><td>左侧</td><td>正常 □　异常 □</td></tr>
<tr><td>右侧</td><td>正常 □　异常 □</td></tr>
<tr><td rowspan="4">7</td><td rowspan="4">喇叭</td><td rowspan="4">鸣响</td><td>3 点钟方向</td><td>正常 □　异常 □</td><td rowspan="4"></td></tr>
<tr><td>6 点钟方向</td><td>正常 □　异常 □</td></tr>
<tr><td>9 点钟方向</td><td>正常 □　异常 □</td></tr>
<tr><td>12 点钟方向</td><td>正常 □　异常 □</td></tr>
<tr><td rowspan="11">8</td><td rowspan="11">刮水器 / 洗涤器</td><td rowspan="2">洗涤功能</td><td>前风窗</td><td>正常 □　异常 □</td><td rowspan="11"></td></tr>
<tr><td>后风窗</td><td>正常 □　异常 □</td></tr>
<tr><td rowspan="5">刮水功能</td><td>连续刮水（MIST）</td><td>正常 □　异常 □</td></tr>
<tr><td>间歇刮水（INT）</td><td>正常 □　异常 □</td></tr>
<tr><td>自动刮水（AUTO）</td><td>正常 □　异常 □</td></tr>
<tr><td>慢速刮水（LO）</td><td>正常 □　异常 □</td></tr>
<tr><td>快速刮水（HI）</td><td>正常 □　异常 □</td></tr>
<tr><td colspan="2" rowspan="2">风窗玻璃清洗液喷射角度</td><td>正常 □</td></tr>
<tr><td>过高 □　过低 □　过窄 □</td></tr>
<tr><td colspan="2" rowspan="2">刮水过程</td><td>正常 □</td></tr>
<tr><td>异响 □　卡顿 □　其他 □________</td></tr>
</table>

五、检查

根据表 3-1-4 中的检查项目进行检查，并将检查结果和结果点评填入表 3-1-4 中。

表 3-1-4　检查

检查项目	检查结果	结果点评
基础电器运行与检查		
风窗玻璃清洗液喷射角度是否正常	是 □　否 □	
天窗导轨及水槽是否清理干净	是 □　否 □	
仪表信息显示是否正常	是 □　否 □	

续表

检查项目	检查结果	结果点评
整理及恢复		
工具、设备是否整理恢复	是 □　否 □	
实训工位是否打扫干净	是 □　否 □	
工作页是否填写完整	是 □　否 □	
车窗、天窗是否关闭	是 □　否 □	

六、任务小结

本任务小结如图 3-1-12 所示。

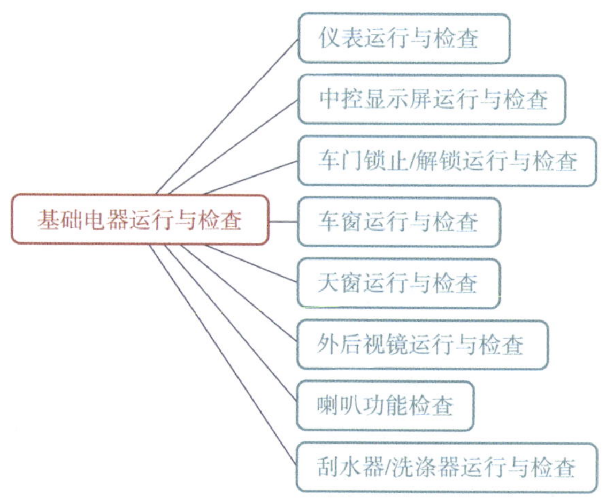

图 3-1-12　任务小结

人机交互系统运行与检查

一、任务导入

人机交互系统的应用极大地提高了车辆驾乘的安全性、舒适性与便捷性，为保障人机交互系统的正常使用，本任务将学习如何对人机交互系统进行运行和检查。

二、任务目标

- 能按照正确的方法对人机交互系统进行运行设置。
- 能按照正确的方法对人机交互系统运行状况进行检查。

三、知识学习

1. 人机交互系统

人机交互是指为完成指定任务，人类和功能单元之间以一定的方式进行的信息传递和交流活动。车主可通过人机交互系统掌握车辆的状态信息（如车速、行驶里程、故障报警等）和路况信息，还可进行 ADAS（高级驾驶辅助系统）功能设置、信息娱乐系统设置、驾驶舒适性设置、网络通信等操作。人机交互系统如图 3-2-1 所示。

图 3-2-1　人机交互系统

2. 人机交互方式

人机交互方式包括语音交互、手势交互和触摸交互。在这些交互方式中，触摸交互是最普遍的交互方式，由触摸屏或按键提供选项，用户进行选择操作，从而向人机交互系统表达用户需求。但触摸交互存在操作时间过长、转移驾驶员注意力、影响安全驾驶等缺点。语音交互通过麦克风采集语音信息，具有不需要驾驶员视线转移，通过语音控制即可直达各项功能的优势，也是目前汽车人机交互系统中常用的一种方式。人机交互方式如图 3-2-2 所示。

3. 人机交互系统设置

在系统设置界面，触摸人机交互系统的“语音设置”按键，可对人机交互系统的语音唤醒相关内容进行设置，系统设置界面如图 3-2-3 所示。

- “语言唤醒设置”开启后，可通过语音唤醒词启动语音助理。
- “免唤醒设置”开启后，可不用唤醒词直接下达命令（在有效时间内）。
- “唤醒 + 识别设置”开启后，可通过语音唤醒词和命令，启动语音助理并直接对命令进行识别。
- “唤醒命令设置”开启后，可直接按照系统规定的方式下达命令，如“打电话给 × ×”“我想导航到 × ×”“我想播放 × ×”等。
- “主动提醒设置”开启后，允许语音助理主动发起会话。
- “发音人”可根据乘员喜好选择语音助理的发音人。

“自定义主唤醒词”（图中未显示）可设置语音助理的主唤醒词。

“语音提示开关”（图中未显示）开启后，当出现报警时，语音助理会播报报警信息。

a）

b）

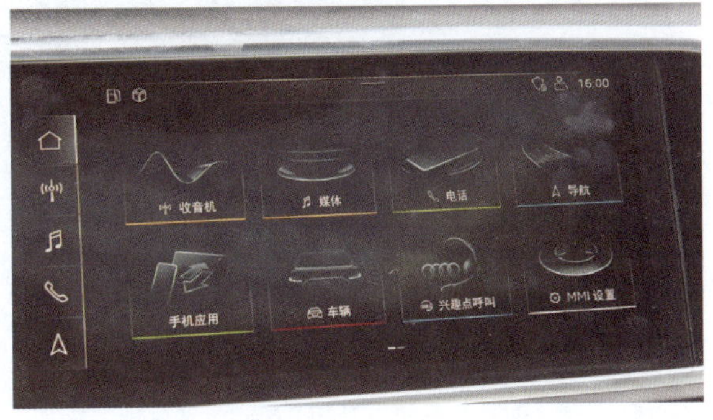

c）

图 3-2-2　人机交互方式

a）语音交互　b）手势交互　c）触摸交互

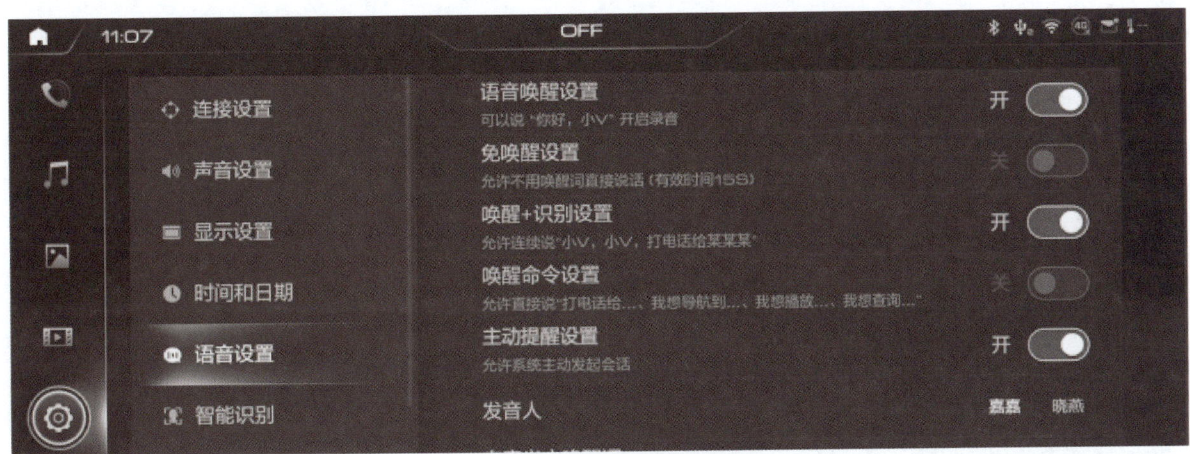

图 3-2-3　系统设置界面

4. 人机交互系统运行与检查方法

通过查阅车辆用户手册和实车检查，确定车辆的人机交互方式，并对各交互方式的运行状况进行检查。

（1）语音交互唤醒功能检查

检查是否能通过语音唤醒词直接启动人机交互系统，是否能通过按压语音交互按键“”

启动人机交互系统。语音交互按键一般位于转向盘上，如图 3-2-4 所示。

图 3-2-4　语音交互按键

（2）语音交互控制功能检查

唤醒人机交互系统后，通过语音下达指令，如播放歌曲、导航、打开天窗、拨打电话等，检查人机交互系统是否能执行相应的指令。

（3）触摸交互控制功能检查

通过点击触摸屏查看天气、连接蓝牙、打开收音机等，检查人机交互系统是否能执行相应的指令。

如果人机交互系统的部分功能无法实现，需要检查车辆网络连接是否正常；如果网络连接正常但仍然无法实现交互功能，需要关闭车辆起动开关，静止 3 min 后重新起动车辆；若仍然无法解决则应进行相应的故障检测与维修。

四、任务实施

1. 任务分配

根据实际情况分配任务，并记录在表 3-2-1 中。

表 3-2-1　任务分配

职务	姓名	工作内容
组长		监督、管理组员工作
组员		

2. 物料准备

准备任务实施所需的物料，见表 3–2–2。

表 3–2–2　物料准备

所需物料
防护用品：车内防护用品等
设备、工具、材料：实训车辆、智能钥匙、车辆用户手册、移动终端（智能手机、平板电脑）等

3. 人机交互系统设置

对人机交互系统进行设置，并将设置过程记录在表 3–2–3 中。

表 3–2–3　人机交互系统设置记录

序号	操作内容	操作记录
1	打开人机交互系统设置界面	是 □　否 □
2	设置人机交互语言	中文 □　英文 □　其他 □
3	设置人机交互系统语音类型	男声 □　女声 □
4	设置唤醒词	默认唤醒词 □　自定义唤醒词 □ ________
5	设置人机交互系统对用户的称呼	默认称呼 □　自定义称呼 □ ________
6	设置人机交互系统语音音量	是 □　否 □

4. 人机交互系统检查

根据人机交互系统运行与检查方法，对车辆的人机交互系统进行基本功能检查，并将检查结果填入表 3–2–4 中。

表 3–2–4　人机交互系统检查记录

序号	检查项目	检查内容	检查结果	处理意见
1	人机交互方式	确定车辆的人机交互方式	语音交互 □	
			手势交互 □	
			触摸交互 □	
2	语音交互唤醒功能	是否可以通过语音唤醒词唤醒人机交互系统	是 □　否 □	
		是否可以通过语音交互按键唤醒人机交互系统	是 □　否 □	
3	语音交互控制功能	是否能通过语音交互播放歌曲	是 □　否 □	
		是否能通过语音交互进行导航	是 □　否 □	

续表

序号	检查项目	检查内容	检查结果	处理意见
3	语音交互控制功能	是否能通过语音交互打开天窗	是 □ 否 □	
		是否能通过语音交互拨打电话	是 □ 否 □	
4	触摸交互控制功能	是否能通过触摸交互查看天气情况	是 □ 否 □	
		是否能通过触摸交互连接手机蓝牙	是 □ 否 □	
		是否能通过触摸交互打开收音机	是 □ 否 □	

注意：由于不同车型的配置和操作系统不同，需根据实际车辆并参照车辆用户手册，检查人机交互系统各功能是否正常。

五、检查

根据表 3–2–5 中的检查项目进行检查，并将检查结果和结果点评填入表 3–2–5 中。

表 3–2–5　检查

检查项目	检查结果	结果点评
人机交互系统运行与检查		
语音交互控制功能与记录是否一致	是 □ 否 □	
触摸交互控制功能与记录是否一致	是 □ 否 □	
整理及恢复		
工具、设备是否整理恢复	是 □ 否 □	
实训工位是否打扫干净	是 □ 否 □	
工作页是否填写完整	是 □ 否 □	
是否将语音交互唤醒词恢复至默认状态	是 □ 否 □	

六、任务小结

本任务小结如图 3–2–5 所示。

人机交互系统运行与检查
人机交互方式
语音交互
手势交互
触摸交互
对人机交互系统进行设置
设置人机交互语言和语音类型
设置唤醒词
设置人机交互系统对用户的称呼
设置音量
对人机交互系统功能进行检查
语音交互唤醒功能检查
语音交互控制功能检查
触摸交互控制功能检查

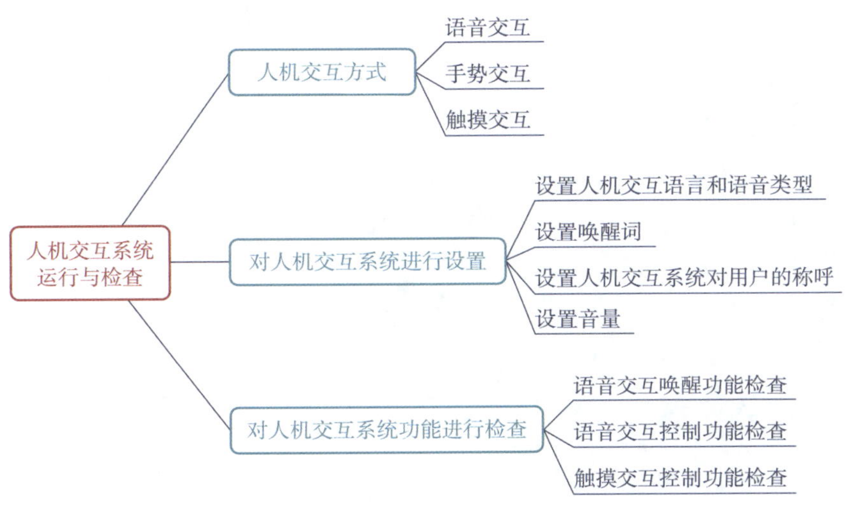

图 3-2-5　任务小结

智能空调系统运行与检查

一、任务导入

智能空调系统能够有效改善车内环境，提高乘车舒适度。为保障空调系统的正常运行，本任务将对智能空调系统进行运行与检查。

二、任务目标

- 能熟练操作智能空调系统各功能开关。
- 能正确检查智能空调系统的各项功能。
- 能使用正确的方法对空调滤芯进行检查与维护。

三、知识学习

1. 智能空调系统介绍

智能空调系统由暖风装置、制冷装置、通风装置和空气净化装置中的一个或多个以及必要的控制部件构成。智能空调系统采用智能化技术，综合利用感知、决策、执行、学习和反馈能力，调节车内的温度、湿度和洁净度，从而为乘员提供舒适的环境和新鲜的空气。智能空调系统如图 3-3-1 所示。

2. 智能空调系统运行方法

智能空调系统的操控部分集中安装在驾驶室仪表板处，包括控制板和空调出风口两部分，如图 3-3-2 和图 3-3-3 所示（不同车型空调控制板和出风口的安装位置不同，具体参考对应车型用户手册）。智能空调系统的运行可通过控制板上的控制按键、旋钮或通过语音、手机等进行控制，控制板上各操作部件的名称及功能见表 3-3-1。

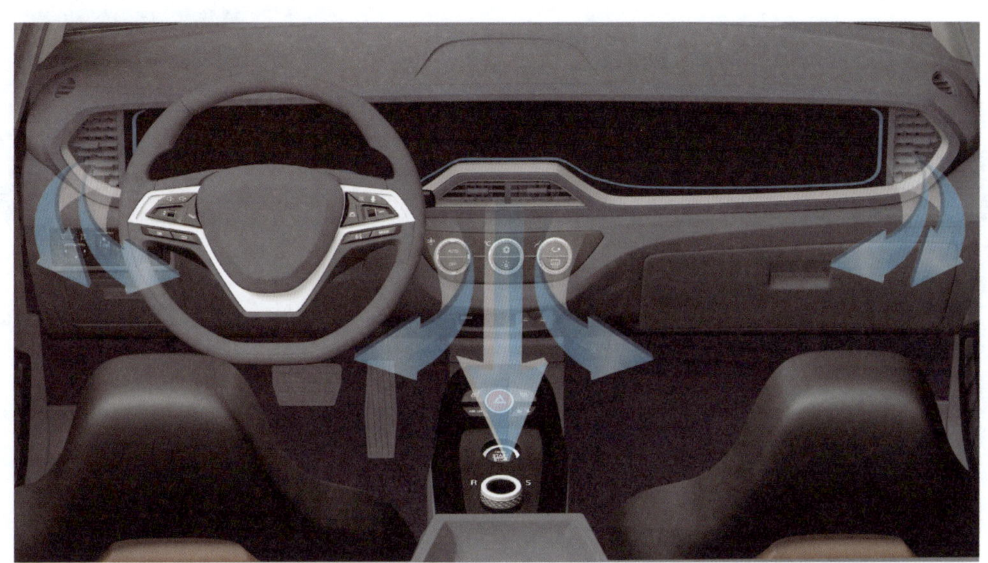

图 3-3-1　智能空调系统

a）　b）　c）　d）

图 3-3-2　不同车型的空调控制板

a）宝马 X5 新能源　b）北汽极狐阿尔法 T　c）广汽传祺 GS4 新能源　d）蔚来 ES8

a）

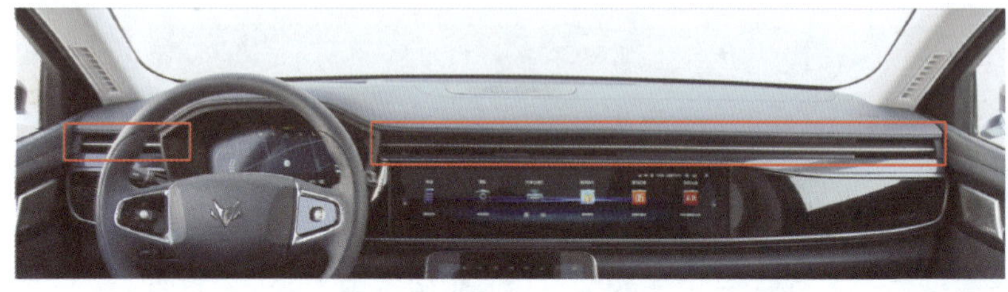

b）

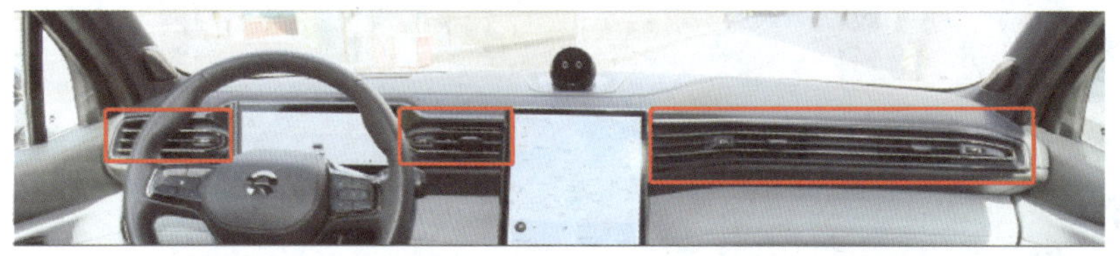
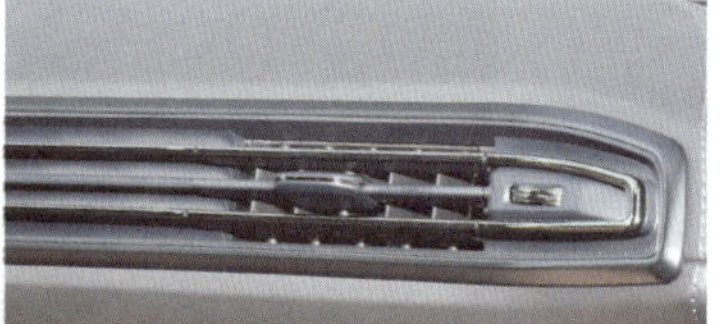

c）

图 3-3-3　不同车型的空调出风口

a）宝马 5 系　b）北汽极狐阿尔法 T　c）蔚来 ES8

表 3-3-1　空调控制板操作部件的名称及功能

序号	操作部件	名称	功能
1	A/C	空调系统控制按键	控制空调压缩机的开启和关闭
2	AUTO	自动控制按键	使空调系统进入 / 退出全自动模式
3		空气循环按键	选择空调进气模式为内循环或外循环
4		前风窗玻璃除霜 / 除雾按键	使空调系统进入 / 退出前风窗玻璃除霜 / 除雾模式

续表

序号	操作部件	名称	功能
5		后风窗玻璃除霜 / 除雾按键	使空调系统进入 / 退出后风窗玻璃除霜 / 除雾模式
6	MODE	模式切换按键	连续按动此键，出风模式可按照一定顺序循环切换（包括吹面、吹面 + 吹脚、吹脚、吹窗 + 吹脚模式）
7	TEMP▲	温度上升按键	每按一次，车内温度上升 1 ℃
8	TEMP▼	温度降低按键	每按一次，车内温度下降 1 ℃
9		风速增大按键	每按一次，风速增加一挡
10		风速减小按键	每按一次，风速减小一挡
11	OFF	关闭按键	关闭空调系统（既可关闭制冷功能，也可关闭制热功能）
12		拨舌	可上下左右拨动，调节出风口的气流方向

3. 智能空调系统检查方法

（1）制冷功能检查

制冷功能的检查方法见表 3-3-2。

表 3-3-2　制冷功能的检查方法

序号	操作步骤
1	起动汽车
2	按下“A/C”按键
3	按下温度调节按键，设置车内温度，使用空调温度测试仪检测温度变化，如图 3-3-4 所示
4	按下风速调节按键，设置风速大小，感受风速变化
5	按下模式切换按键，切换出风模式
6	用手将拨舌上下左右拨动，调节各个出风口的气流方向
7	按下“A/C”按键，关闭空调压缩机

（2）制热功能检查

制热功能的检查方法见表 3-3-3。

表 3-3-3　制热功能的检查方法

序号	操作步骤
1	起动汽车
2	按下温度调节按键，设置车内温度，使用空调温度测试仪检测温度变化，如图 3-3-4 所示
3	按下风速调节按键，设置风速大小，感受风速变化
4	按下模式切换按键，切换出风模式
5	用手将拨舌上下左右拨动，调节各个出风口的气流方向
6	关闭制热开关 / 空调开关按键

（3）除霜 / 除雾功能检查

除霜 / 除雾功能的检查方法见表 3-3-4。

表 3-3-4　除霜 / 除雾功能的检查方法

序号	操作步骤
1	起动汽车
2	按下前风窗玻璃除霜 / 除雾按键和后风窗玻璃除霜 / 除雾按键，进入除霜 / 除雾模式
3	观察前、后风窗玻璃的除霜 / 除雾效果
4	按下前风窗玻璃除霜 / 除雾按键和后风窗玻璃除霜 / 除雾按键，退出除霜 / 除雾模式

（4）远程控制功能检查

远程控制功能的检查方法见表 3-3-5。

表 3-3-5 远程控制功能的检查方法

序号	操作步骤
1	保证车辆处于熄火锁车、车门关闭、智能钥匙在车外的状态
2	打开移动终端 App，绑定车辆后登录
3	打开 App 中的空调开关，设置温度和风速
4	检测车辆内温度和风速的变化
5	关闭 App 中的空调开关

（5）语音控制功能检查

语音控制功能的检查方法见表 3-3-6。

表 3-3-6 语音控制功能的检查方法

序号	操作步骤
1	通过语音唤醒词唤醒人机交互系统
2	说出打开空调系统的关键词以开启空调，如“打开空调”
3	说出设置温度、风速等的关键词，如“温度设置为 25 摄氏度”
4	说出关闭空调系统的关键词以关闭空调，如“关闭空调”

（6）空调温度检测方法

待空调系统运行稳定后，将空调温度测试仪探针插入空调出风口，在测试仪的显示屏上可显示温度数值，如图 3-3-4 所示。

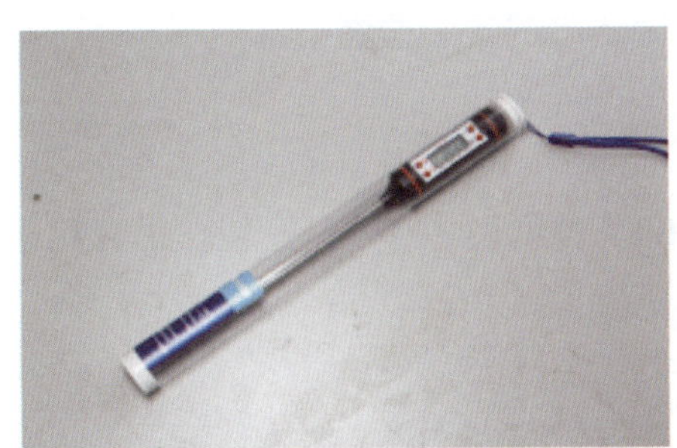

图 3-3-4 空调温度测试仪及其使用

4. 汽车空调滤芯维护

（1）汽车空调滤芯的作用

汽车空调滤芯又称汽车空调滤清器、汽车空调过滤器等，是安装在汽空调通风系统前端的空气净化装置。当汽空调系统进行室内、室外空气循环时，空气通过汽车空调滤芯过滤后进入汽车空调通风系统，保证吹向车辆内部空气的清洁。汽车空调滤芯如图 3-3-5 所示。

图 3-3-5　汽车空调滤芯

（2）汽车空调滤芯的安装位置

汽车空调滤芯通常安装在手套箱后方或下方，以及前风窗玻璃外侧右下方，需要拆卸下手套箱或外部挡板才能观察到。图 3-3-6 所示为安装在手套箱后方的汽空调滤芯。

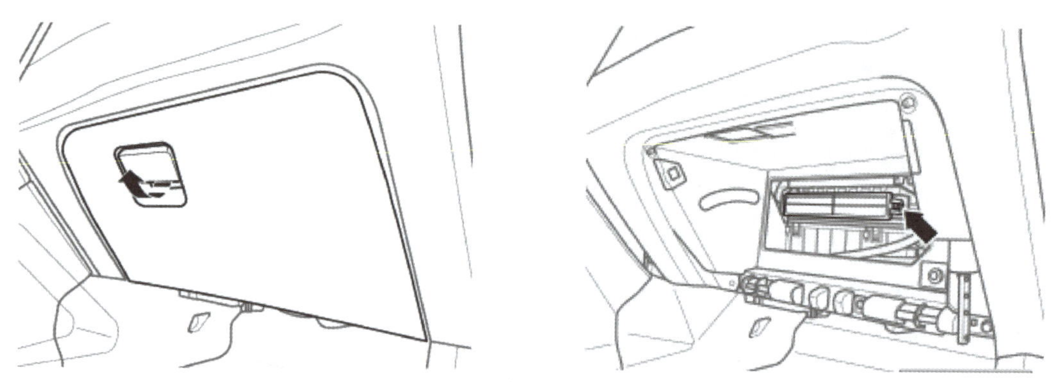

图 3-3-6　汽车空调滤芯的安装位置

（3）汽车空调滤芯的拆装流程

安装在手套箱后方的汽车空调滤芯的具体拆卸流程见表 3-3-7，安装在手套箱下方或前风窗玻璃外侧右下方的汽车空调滤芯的拆卸流程与之相似。

表 3-3-7　汽车空调滤芯的拆卸流程

序号	工作项目	工作内容	注意事项
1	拆卸手套箱	打开手套箱	
		脱开手套箱阻尼器	阻尼器及卡扣易损坏
		由手套箱左右两侧向中间挤压，脱开手套箱定位卡扣	切勿用力，可先脱开一侧的定位卡扣
		脱开手套箱底部转轴卡扣，取下手套箱	注意卡扣的开口方向

续表

序号	工作项目	工作内容	注意事项
2	拆卸滤芯盖板	脱开汽车空调滤芯盖板固定卡扣或拆卸盖板螺栓，取下盖板	
3	取出滤芯	取出汽车空调滤芯	切勿扯坏、折损滤芯

汽车空调滤芯的安装大致以与滤芯拆卸相反的顺序进行，注意汽车空调滤芯上标明的安装方向（箭头指向下方或后方），如图 3–3–7 所示。

图 3–3–7　汽车空调滤芯的安装方向

（4）汽车空调滤芯的维护方法

在对智能空调系统进行维护时，应定期检查汽车空调滤芯的清洁情况，轻微污染的情况下可以使用吹风枪对其表面进行清理，如图 3–3–8 所示，严重污染时则应更换汽车空调滤芯。若汽车空调滤芯的滤纸破损或褶皱也应进行更换。

图 3–3–8　汽车空调滤芯的清理

四、任务实施

1. 任务分配

根据实际情况分配任务，并记录在表 3–3–8 中。

表 3-3-8 任务分配

职务	姓名	工作内容
组长		监督、管理组员工作
组员		

2. 物料准备

准备任务实施所需的物料，见表 3-3-9。

表 3-3-9 物料准备

所需物料
防护用品：车内防护用品等
设备、工具：实训车辆、空调温度测试仪、移动终端、智能钥匙、车辆用户手册、车辆保养手册、吹风枪等

3. 空调系统检查

根据检查内容对空调系统进行检查，并将检查结果填在表 3-3-10 中。

表 3-3-10 空调系统检查记录

检查项目	检查内容	检查结果	处理意见
制冷功能	功能是否正常开启	是 □ 否 □	
	温度是否可以调节	是 □ 否 □	
	出风口温度是否正常	是 □ 否 □	
制热功能	功能是否正常开启	是 □ 否 □	
	温度是否可以调节	是 □ 否 □	
	出风口温度是否正常	是 □ 否 □	
风速调节功能	风速是否可以调节	是 □ 否 □	
	风速是否与按键指示一致	是 □ 否 □	
出风模式	各模式按键是否可以正常按下	是 □ 否 □	
	相应出风模式是否正常	是 □ 否 □	
除霜 / 除雾功能	按键是否可以正常按下	是 □ 否 □	
	功能是否正常开启	是 □ 否 □	
内、外循环功能	按键是否可以正常按下	是 □ 否 □	
	内、外循环是否可以切换	是 □ 否 □	

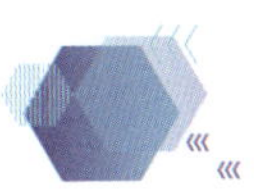

续表

检查项目	检查内容	检查结果	处理意见
液晶显示屏	风速挡位显示是否正常	是 □　否 □	
	出风模式显示是否正常	是 □　否 □	
	温度状态显示是否正常	是 □　否 □	
远程控制	是否可以进行远程控制	是 □　否 □	
语音控制	是否可以进行语音控制	是 □　否 □	

4. 汽车空调滤芯拆卸与维护

参照车辆保养手册，拆卸汽车空调滤芯并进行维护，将结果记录在表 3-3-11 中。

表 3-3-11　汽车空调滤芯拆卸与维护记录

工作项目	序号	工作内容	工作结果	处理意见
拆卸汽车空调滤芯	1			
	2			
	3			
	4			
	5			
	6			
维护汽车空调滤芯	1	汽车空调滤芯是否破损	是 □　否 □	
	2	汽车空调滤芯是否褶皱	是 □　否 □	
	3	汽车空调滤芯是否污染	轻微污染 □　严重污染 □　否 □	

五、检查

根据表 3-3-12 中的检查项目进行检查，并将检查结果和结果点评填入表 3-3-12 中。

表 3-3-12　检查

检查项目	检查结果	结果点评
空调系统运行与检查		
智能空调是否可以制冷	是 □　否 □	
智能空调是否可以制热	是 □　否 □	
智能空调是否可以调节风速	是 □　否 □	
对汽车空调滤芯的维护是否正确	是 □　否 □	

续表

检查项目	检查结果	结果点评
整理及恢复		
工具、设备是否整理恢复	是 □　否 □	
实训工位是否打扫干净	是 □　否 □	
工作页是否填写完整	是 □　否 □	

六、任务小结

本任务小结如图 3-3-9 所示。

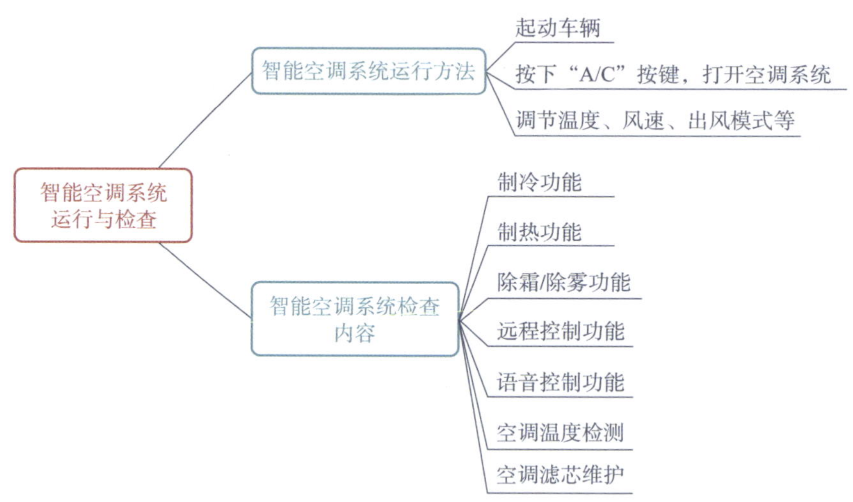

图 3-3-9　任务小结

智能座椅运行与检查

一、任务导入

智能座椅是智能座舱的重要组成部分，可为乘员提供更安全、更舒适、更便捷的乘车体验，为保证智能座椅的正常使用，需定期对其进行检查，本任务将对智能座椅进行运行与检查。

二、任务目标

- 能熟练操作智能座椅。
- 能正确检查智能座椅的各项功能。

三、知识学习

1. 智能座椅介绍

智能座椅是智能座舱的一部分，智能座椅的智能化主要体现在乘坐舒适感和智能控制两个方面。不同品牌的智能座椅功能不同，应用较广泛的技术有座椅多方向调节、座椅记忆、座椅通风、座椅加热、座椅迎宾、座椅按摩以及座椅语音控制等，具备这些功能的座椅均可称为智能座椅。前、后排智能座椅如图 3-4-1 所示。

a）

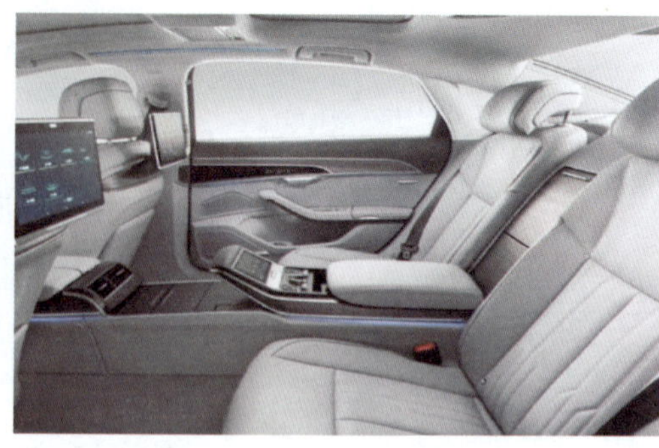

b）

图 3-4-1　前、后排智能座椅

a）前排智能座椅　b）后排智能座椅

2. 智能座椅主要功能

（1）基本功能

1）座椅调节功能

乘员按动座椅调节开关后，调节开关将指令信号传递给控制模块，控制模块驱动相应调节功能的电动机工作，从而实现座椅各方向的调节需求。座椅调节开关如图 3-4-2 所示。

图 3-4-2　座椅调节开关

2）座椅通风功能

夏季乘车时，空调系统能够使车内保持恒定温度，却无法满足乘员身体与座椅接触部位的通风需求，接触部位的空气不流通会影响乘员的舒适感。智能座椅通过座椅风扇（包括吸风式和送风式两种）使空气通过透气的中间层后从座椅坐垫与靠背上的小孔中均匀且源源不断地流出，有效地改善了乘员与座椅面接触部分的空气流通效果，从而提供舒适的乘坐环境。座椅通风示意图如图 3-4-3 所示。

图 3-4-3　座椅通风示意图

3）座椅加热功能

座椅加热的原理是利用加热装置对座椅内部进行加热，并通过热传递将热量传递给乘员，提高乘员乘坐的舒适性。座椅加热的温度应控制在一定的范围内，以减少因冬季座椅温度低而造成的乘坐不适感。座椅加热示意图如图 3-4-4 所示。

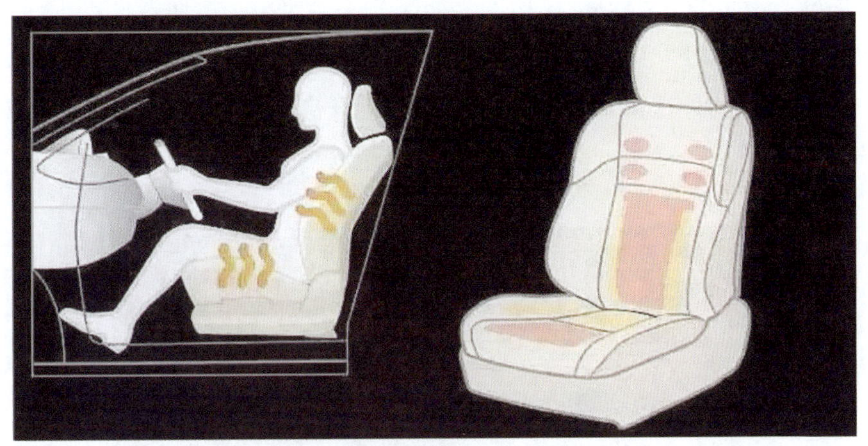

图 3-4-4 座椅加热示意图

座椅加热的时间不宜过长，温度也不宜过高，且空座椅开启加热功能时，不要在座椅上放置易导热和易燃物品，以免引发事故。

4）座椅按摩功能

座椅按摩的原理是通过在座椅内安装按摩装置，使座椅椅面随之运动，达到为乘员按摩的目的，缓解乘员疲劳，提高乘坐舒适性。座椅按摩示意图如图 3-4-5 所示。

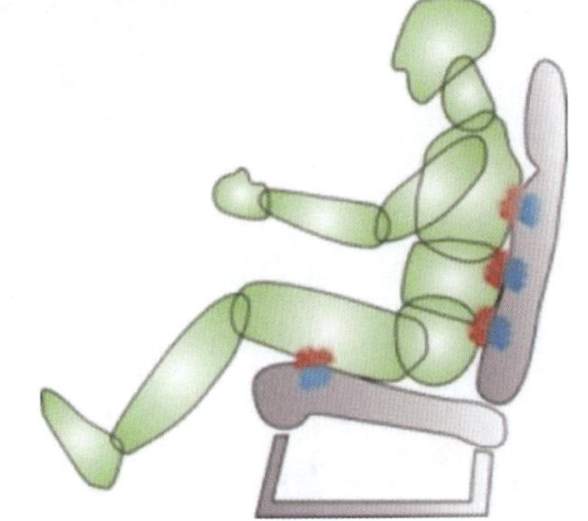

图 3-4-5 座椅按摩示意图

5）座椅记忆功能

座椅记忆功能是指前者调整好座椅状态并存储后，若后者使用时重新调整了座椅，当前者再次乘坐该座椅时，只需按动一个按键，便可轻松获得之前存储的适合本人需要的设定值。智能座椅一般有 2～3 个记忆组数。座椅记忆设置按键如图 3-4-6 所示。

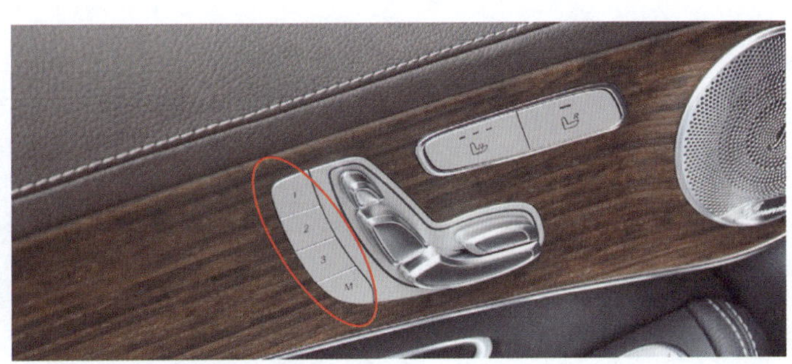

图 3-4-6 座椅记忆设置按键

6）座椅迎宾功能

当关闭起动开关，打开车门时，座椅将水平向后移动一段距离，方便驾驶员下车；当驾驶员进入车辆并打开起动开关时，座椅将自动恢复到设定位置。

（2）健康监测功能

某些智能座椅具有健康监测等特色功能，如图 3–4–7 所示。健康监测即通过座椅内置的生物传感器或可穿戴设备实时采集驾驶员的体温、心率等体征，并对数据进行分析，监测驾驶员的健康状态。当驾驶员的体征出现异常时，可以自动开启相应功能，如按摩、通风、加热等，以缓解驾驶员的不适。

图 3–4–7　座椅健康监测示意图

3. 智能座椅运行与检查方法

智能座椅的操作方式可分为传统的按键 / 开关式操作、触摸操作和语音操作。

（1）座椅调节

调节腰托：通过上下左右按压腰托调节开关，调节腰托至合适位置，如图 3–4–8a 所示。

调节座椅靠背：通过前后拨动座椅靠背调节开关，调节靠背至所需角度，并松开座椅靠背调节开关以固定，如图 3–4–8b 所示。

调节座椅前后位置：前后推动座椅位置调节开关，调节座椅至所需位置，并松开座椅位置调节开关以固定，如图 3–4–8c 所示。

调节座椅高度：上下拨动座椅位置调节开关，调节座椅至所需高度，并松开座椅位置调节开关以固定。

调节座椅坐垫倾斜度：上下拨动座椅坐垫倾斜度调节开关，使坐垫向上或向下倾斜。

调节头枕位置：调节头枕时，要确保头枕中心与耳朵上部齐平，如图 3–4–9a 所示。需要将头枕向上调节时，可沿箭头方向向上拉动头枕至合适位置；需要将头枕向下调节时，可按压头枕锁定 / 释放按钮，并沿箭头方向按压头枕至合适位置，然后松开头枕锁定 / 释放按钮以固定头枕，如图 3–4–9b 所示。

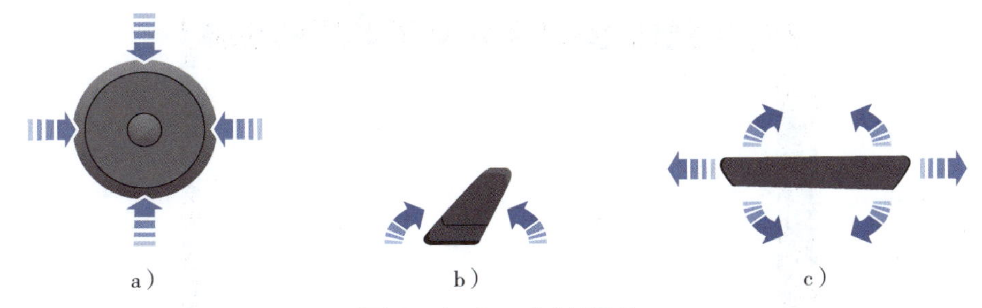

图 3-4-8 座椅调节

a）腰托调节 b）座椅靠背调节 c）座椅位置调节

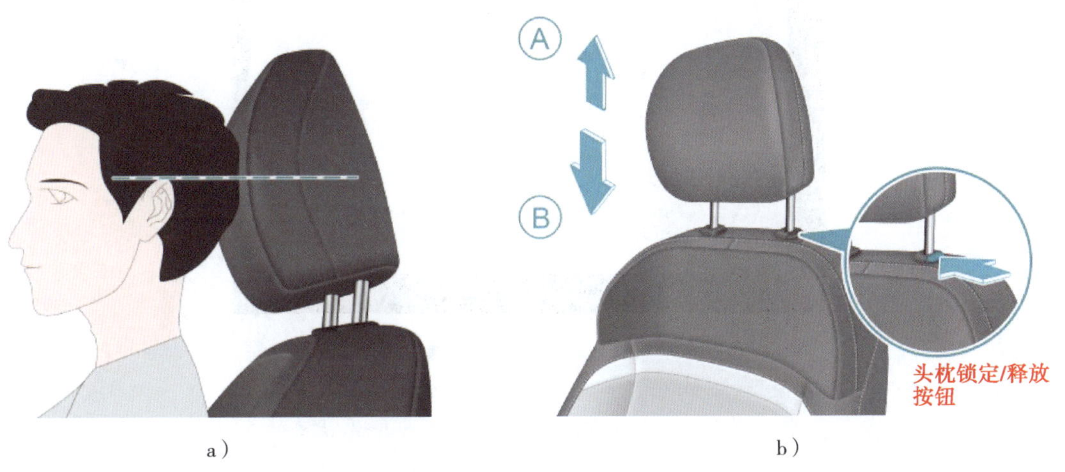

图 3-4-9 头枕调节

a）正确位置 b）头枕锁定 / 释放按钮

（2）座椅加热 / 通风功能

将整车电源切换至“ON”状态，通过点击多功能触摸屏或通过语音控制操作。

座椅加热 / 通风开启 / 关闭：在座椅加热 / 通风设置界面，点击“加热”或“通风”按键，可以开启座椅的加热 / 通风功能；点击“关闭”按键，即可关闭加热 / 通风功能。或直接唤醒语音助手，通过语音控制座椅加热 / 通风功能的开启和关闭。

座椅加热 / 通风挡位调节：可通过手动调节挡位按键进行温度和风速的调节，也可开启自动加热 / 通风功能，系统会根据室外温度自动切换座椅的加热 / 通风挡位。

（3）座椅按摩功能

点击多功能触摸屏的“座椅按摩”按键开启按摩功能，如图 3-4-10 所示，或通过语音控制开启按摩功能。

（4）座椅记忆功能

座椅记忆功能通常与车辆账户关联，不同驾驶员通过登录已关联座椅的车辆账号，就可以自动获取对应的座椅状态，为驾驶员提供智能化体验。

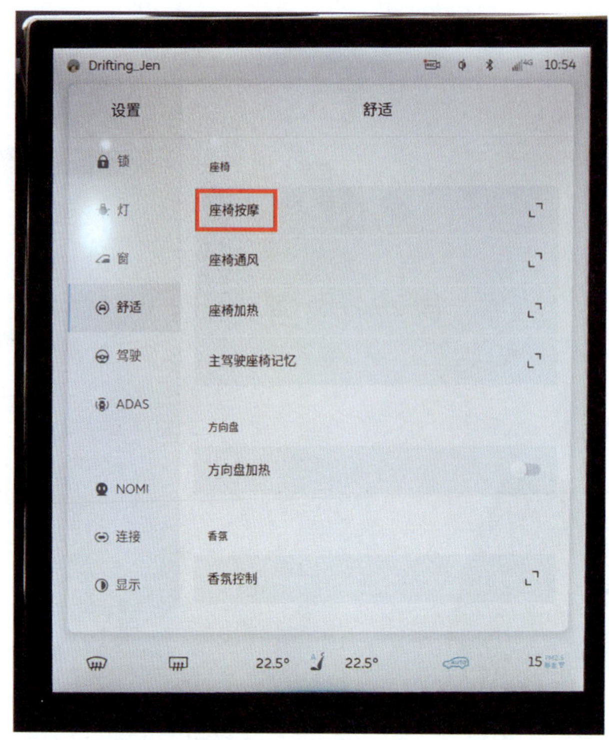

图 3-4-10 “座椅按摩”按键

设置座椅记忆位置：登录车辆账户，调节座椅位置至舒适状态，操作多功能触摸屏，确认保存当前位置。

清除座椅记忆位置：调节座椅靠背至最前端，松开座椅靠背调节开关。在短时间内重新拨动座椅靠背调节开关并保持 5 s，直至听见蜂鸣器鸣响 2 声，即可清除座椅记忆位置。

（5）座椅迎宾功能

座椅迎宾功能可以通过多功能触摸屏或语音控制开启或关闭。座椅迎宾功能开启后，当驾驶员将整车电源切换至“OFF”状态，并打开驾驶员侧车门时，座椅会自动向后移动一段距离，方便驾驶员下车。当驾驶员再次上车并将整车电源切换至“ON”状态时，座椅会自动恢复至原来的位置。

（6）座椅健康监测功能

点击多功能触摸屏的“健康监测”按键，或通过语音控制可以开启健康监测功能，在行车过程中自动监测驾驶员的体征。

在智能座椅的运行过程中，若按键 / 开关出现失效、不灵敏或卡滞现象，应根据故障现象进行排查。若语音控制失效，则应检查语音输入端或更换控制模块。

四、任务实施

1. 任务分配

根据实际情况分配任务，并记录在表 3-4-1 中。

表 3-4-1　任务分配

职务	姓名	工作内容
组长		监督、管理组员工作
组员		

2. 物料准备

准备任务实施所需的物料，见表 3-4-2。

表 3-4-2　物料准备

所需物料
防护用品：车内防护用品等
设备、工具：实训车辆、智能钥匙、车辆用户手册等

3. 智能座椅检查

根据智能座椅功能检查方法，对车辆智能座椅各项功能进行检查，并将检查结果填入表 3-4-3 中。

表 3-4-3　智能座椅功能检查记录

检查项目	检查内容	检查结果	处理意见
座椅调节功能	座椅是否可以向前调节	是 □　否 □	
	座椅是否可以向后调节	是 □　否 □	
	座椅是否可以升高	是 □　否 □	
	座椅是否可以降低	是 □　否 □	
	靠背是否可以向前调节	是 □　否 □	
	靠背是否可以向后调节	是 □　否 □	
	腰部支撑是否可以向上下调节	是 □　否 □	
	腰部支撑是否可以向左右调节	是 □　否 □	
	腰部支撑是否可以凸起	是 □　否 □	
	腰部支撑是否可以凹陷	是 □　否 □	
	头枕是否可以向上调节	是 □　否 □	
	头枕是否可以向下调节	是 □　否 □	
	座椅坐垫倾斜度是否可以调节	是 □　否 □	

续表

检查项目	检查内容	检查结果	处理意见
座椅舒适功能	座椅加热功能是否可以正常开启	是 □ 否 □	
	座椅加热功能是否可以正常关闭	是 □ 否 □	
	座椅加热温度是否与挡位一致	是 □ 否 □	
	座椅通风功能是否可以正常开启	是 □ 否 □	
	座椅通风功能是否可以正常关闭	是 □ 否 □	
	座椅通风风速是否与挡位一致	是 □ 否 □	
	座椅按摩功能是否可以正常开启	是 □ 否 □	
	座椅按摩功能是否可以正常关闭	是 □ 否 □	
	座椅按摩功能是否与挡位一致	是 □ 否 □	
座椅智能控制	座椅记忆位置是否可以正常存储	是 □ 否 □	
	座椅记忆位置是否可以正常调出	是 □ 否 □	
	座椅记忆位置是否可以清除	是 □ 否 □	
	座椅迎宾功能是否可以正常开启	是 □ 否 □	
	座椅迎宾功能是否可以正常关闭	是 □ 否 □	
	健康监测功能是否可以正常开启	是 □ 否 □	
	健康监测功能是否可以正常关闭	是 □ 否 □	

注意：由于不同车型的配置和各功能按键的位置不一致，需根据实际车辆并参照车辆用户手册，检查智能座椅各功能是否正常。

五、检查

根据表 3-4-4 中的检查项目进行检查，并将检查结果和结果点评填入表 3-4-4 中。

表 3-4-4　检查

检查项目	检查结果	结果点评
智能座椅运行与检查		
智能座椅各调节功能与记录是否一致	是 □ 否 □	
整理及恢复		
工具、设备是否整理恢复	是 □ 否 □	
实训工位是否打扫干净	是 □ 否 □	
工作页是否填写完整	是 □ 否 □	

六、任务小结

本任务小结如图 3-4-11 所示。

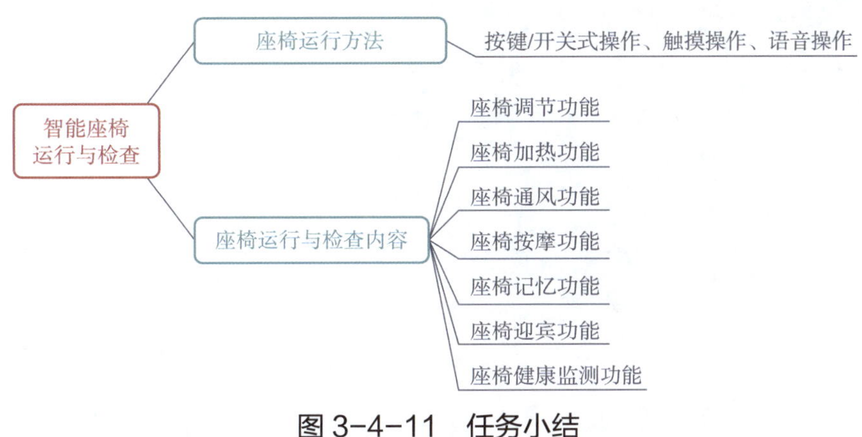

图 3-4-11　任务小结

车辆灯光系统运行与检查

一、任务导入

车辆灯光系统主要起夜间照明及信号提示作用，本任务将学习如何对车辆灯光系统各类灯光的运行状况进行检查。

二、任务目标

- 能使用灯光检查手势对车辆外部灯光运行状况进行检查。
- 能使用正确的方法对车辆内部灯光运行状况进行检查。

三、知识学习

1. 车辆外部灯光介绍

车辆外部灯光分为前部灯光和后部灯光，前部灯光包括位置灯、日间行车灯、近光灯、远光灯、雾灯、转向灯、危险警告信号等，后部灯光包括位置灯、转向灯、危险警告信号、雾灯、制动灯、倒车灯、牌照灯等。需要依次检查车辆前部、后部各类灯光能否正常点亮。车辆外部灯光如图 3-5-1 所示。

a）

b）

图 3-5-1　车辆外部灯光

a）前部灯光　b）后部灯光

（1）位置灯

位置灯又称示廓灯、小灯，能够在夜间行驶时显示车辆位置及轮廓。位置灯安装在车辆前部、后部灯光的左、右两侧，共四个方位，如图 3-5-2 所示。

a）

b）

图 3-5-2　位置灯

a）前部　b）后部

（2）日间行车灯

日间行车灯又称日行灯、昼间行驶灯，在车辆日间行驶时起到提示其他道路使用者的作用。日间行车灯采用 LED 灯，一般要比位置灯稍亮。日间行车灯安装在车辆前部的左、右两侧，如图 3-5-3 所示。

图 3-5-3　日间行车灯

（3）近光灯

近光灯用于车辆前方近距离道路照明，使用近光灯不会对来车驾驶员和其他道路使用者造成炫目或不舒适感。近光灯安装在车辆前部灯光中，如图 3–5–4 所示。

图 3–5–4　近光灯

（4）远光灯

远光灯是用于车辆前方远距离道路照明的灯具。远光灯不仅有夜间照明功能，还可以在会车和超车时作为信号灯使用，以提示对面或前方行驶车辆注意避让。远光灯如图 3–5–5 所示。

图 3–5–5　远光灯

注意：在会车时，远光灯可能对近距离其他车辆的驾驶员造成炫目，容易引发交通事故，所以应合理使用远光灯。

（5）雾灯

雾灯的光色为黄色或红色（波长较长，透雾性能好），主要用于雨雾天气或低能见度情况下行车时的道路照明与安全提示。雾灯可分为前雾灯和后雾灯，前雾灯一般为明亮的黄色，后雾灯则为红色。雾灯如图 3–5–6 所示。

a）

b）

图 3-5-6　雾灯

a）前雾灯　b）后雾灯

（6）转向灯

转向灯是用于向其他道路使用者提示车辆即将向右或向左转向的灯具。转向灯通过闪烁某一侧前方、后方及侧方的黄色灯光来表示转向的意图，用以提醒对面、后方及左右两侧的行驶车辆注意避让。

转向灯安装在车辆前方、后方及侧面的翼子板或外后视镜上。侧面转向灯的安装位置如图 3-5-7 所示。

a）

b）

图 3-5-7　侧面转向灯的安装位置

a）前翼子板处转向灯　b）外后视镜处转向灯

（7）制动灯

制动灯是向车辆后方的其他道路使用者提示车辆正在制动的灯具，俗称刹车灯，其主体颜色为红色，安装在车辆后部灯光中，分为左后制动灯、右后制动灯及高位制动灯。制动灯的安装位置如图 3-5-8 所示。

图 3-5-8　制动灯的安装位置

（8）倒车灯

倒车灯是向车辆后方的其他道路使用者提示车辆正在倒车的灯具。倒车灯安装在车辆后部，分为左倒车灯和右倒车灯（某些车型只安装了一侧倒车灯），如图 3-5-9 所示。

图 3-5-9　倒车灯

（9）自适应前照明

1）自适应远光功能

自适应远光功能可以根据来车或前方车辆调整灯光模式。例如，夜间在照明不足的道路上行驶且无其他车辆时，系统自动开启远光灯；当检测到会车或跟随前车时，系统自动关闭远光灯。自适应远光功能激活时，仪表板点亮自适应远光信号装置 。自适应远光功能如图 3-5-10 所示。

2）前照灯高度调节功能

前照灯高度调节功能可实现近光光束在竖直方向上的移动。将灯光开关置于“AUTO”挡，当车身状态随车辆装载状况、加速或减速等情况变化时，前照灯光束高度将随之发生改变。

3）弯道照明功能

弯道照明功能是一种为弯道、连续弯道或交叉路设计的提供增强照明的功能，能够根据行车速度、转向角度等因素实现近光光束在水平方向上的自动移动，提前照亮转向区域，提供全方位的安全照明，从而增强驾驶安全性。有无弯道照明功能的对比如图 3-5-11 所示。

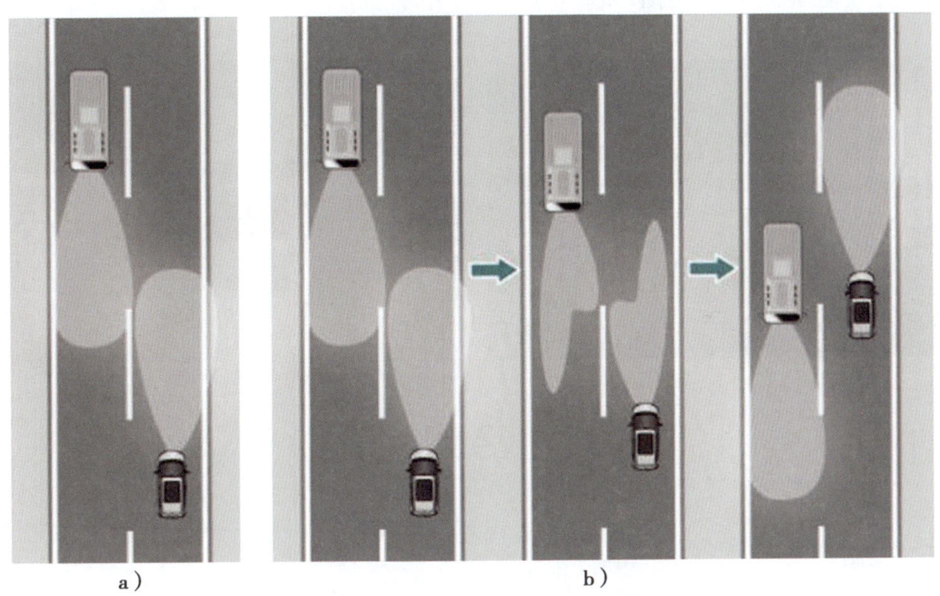

a） b）

图 3-5-10 自适应远光功能

a）无自适应远光功能 b）有自适应远光功能

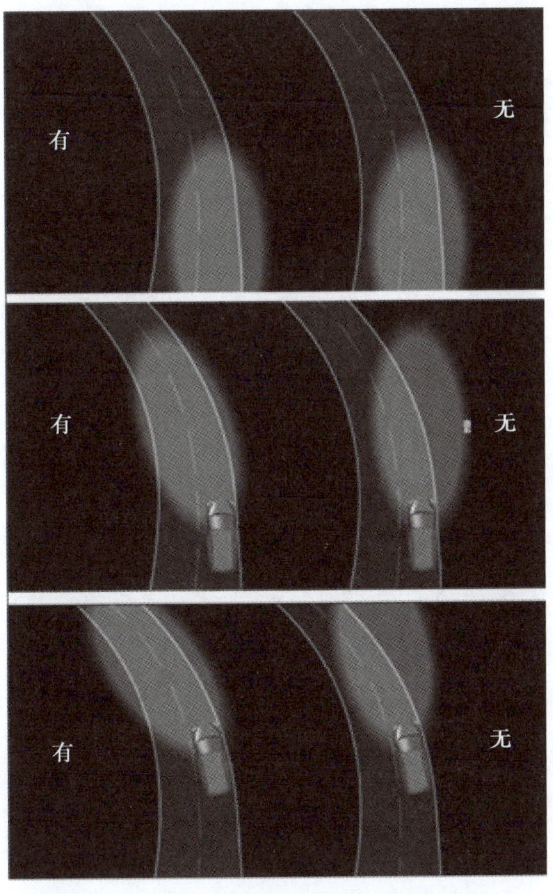

图 3-5-11 有无弯道照明功能的对比

2. 车辆外部灯光运行方法

灯光开关主要有旋钮式和操作杆式，一般安装在仪表板左侧或转向管柱上，如图 3-5-12 所示。

a）

b）

图 3-5-12　灯光开关

a）旋钮式开关　b）操作杆式开关

（1）灯光控制开关

将车辆起动开关置于 ON 挡，沿箭头方向转动灯光控制开关，使灯光图标依次对准灯光控制开关的位置参照线，如图 3-5-13 所示。

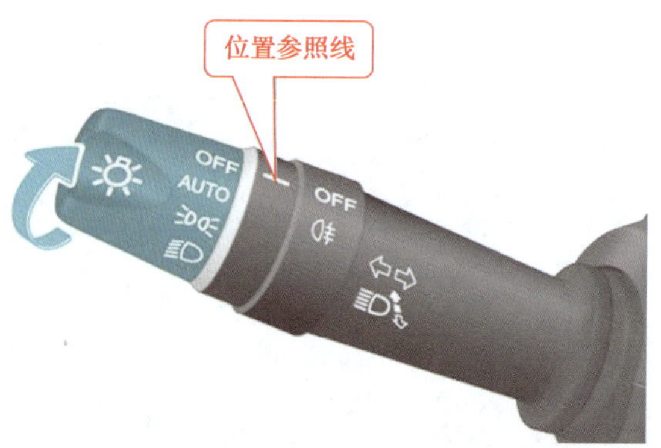

图 3-5-13　灯光控制开关

具体控制功能如下：

OFF：关闭位置灯、远光灯、近光灯等。

AUTO：将根据环境光线变化自动开启或关闭位置灯及远、近光灯。进行该功能检查时，可以人为遮挡前置摄像头或光照传感器营造黑暗环境，检查位置灯及远、近光灯是否自动开启。前置摄像头和光照传感器一般安装在前风窗玻璃上方，如图 3-5-14 所示。

：点亮位置灯、牌照灯和按键背光灯等，仪表显示相同符号的指示灯。

：点亮近光灯，仪表显示相同符号的指示灯。

（2）雾灯控制开关

将车辆起动开关置于 ON 挡，打开近光灯，沿箭头方向转动雾灯控制开关，使灯光图标依次对准灯光控制开关的位置参照线，如图 3-5-15 所示。

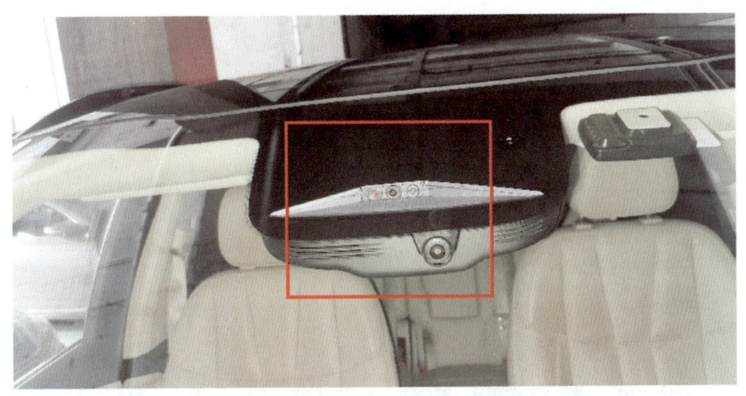

图 3-5-14　前置摄像头和光照传感器的安装位置

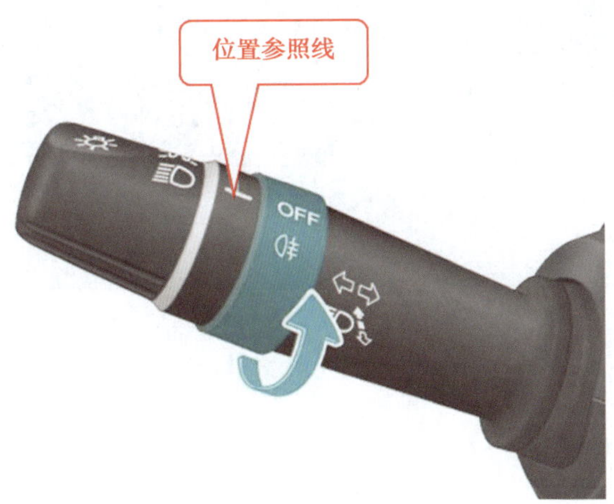

图 3-5-15　雾灯控制开关

（3）转向灯控制杆

将车辆起动开关置于 ON 挡，沿箭头 A 或箭头 B 方向拨动转向灯控制杆至①位置，所有右或左转向灯闪烁，仪表右或左转向指示灯闪烁，同时伴有“咔嗒咔嗒”的提示音。行车变道时，沿箭头 A 或箭头 B 方向拨动转向灯控制杆至②位置，松开后转向灯控制杆自动回位，对应侧的转向灯和仪表转向指示灯闪烁 3 次。转向灯控制杆如图 3-5-16 所示。

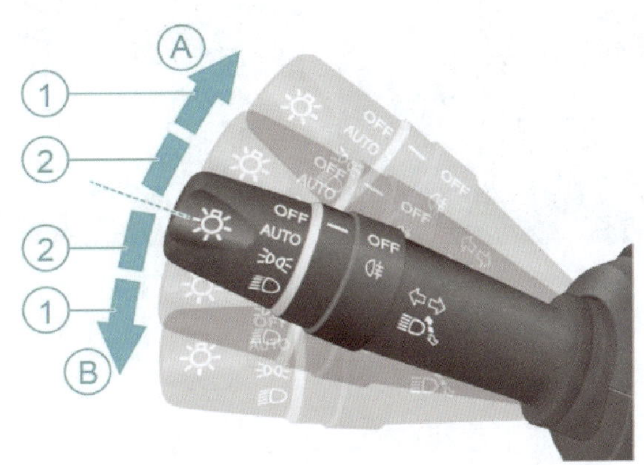

图 3-5-16　转向灯控制杆

（4）远光灯控制杆

近光灯开启后，沿箭头 A 方向推动远光灯控制杆至限位位置，远光灯点亮，仪表远光指示灯点亮。再沿箭头 B 方向将控制杆拉回至原位置，远光灯熄灭，仪表远光指示灯熄灭。

会车和超车时，沿箭头 B 方向推动控制杆至限位位置，远光灯开启，松手后，控制杆自动回位，远光灯熄灭。远光灯控制杆如图 3–5–17 所示。

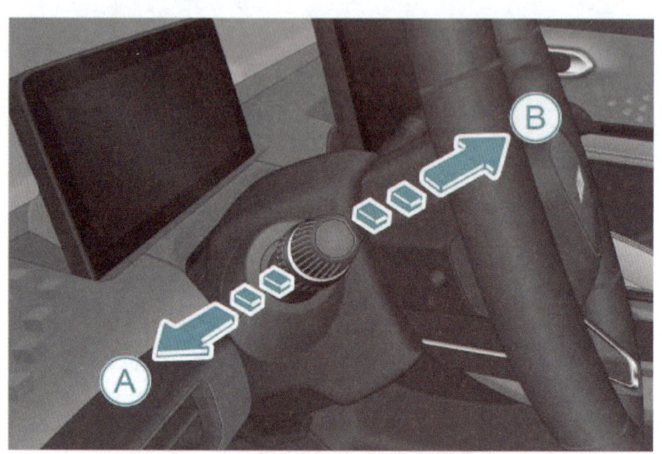

图 3–5–17　远光灯控制杆

（5）危险警告信号开关

危险警告信号俗称双闪，通过同时打开车辆上所有的转向信号灯，向其他道路使用者表明车辆暂时具有某种特殊危险，如车辆抛锚等情况。

危险警告信号开关一般安装在车辆仪表板、副仪表板等位置，通常用红色三角符号标记。危险警告信号开关如图 3–5–18 所示。

图 3–5–18　危险警告信号开关

（6）日间行车灯

在所有灯光开关均关闭的状态下起动车辆，日间行车灯自动点亮。

（7）制动灯

当驾驶员踩下制动踏板时，制动灯点亮。

（8）倒车灯

当驾驶员将挡位开关置于倒车挡（R 挡）时，倒车灯点亮。

（9）自适应前照明

1）自适应远光功能

在开启远光灯的状态下，操作人员走到车辆前方，车辆检测到行人后自动将远光灯切换为近光灯。

2）前照灯高度调节功能

前照灯高度调节有手动和自动两种方式。手动调节可分为 0、1、2、3 挡，向上拨动前照灯高度调节旋钮，前照灯光束向上调节；向下拨动前照灯高度调节旋钮，前照灯光束向下调节。

将灯光开关置于“AUTO”挡，前照灯光束高度将根据车辆状况自动调节。前照灯高度调节装置如图 3-5-19 所示。

3）弯道照明功能

在开启近光灯或远光灯的状态下，打开转向灯或转动转向盘，近光灯或远光灯会随转向灯方向或转向盘转动方向偏转。如打开左转向灯或向左转动转向盘，灯光照射角度也会向左偏转。

3. 车辆外部灯光检查方法

进行车辆外部灯光检查时需两人合作，一人位于车外下达各类灯光运行指令并检查灯光状态，一人位于车内根据指令控制灯光开关。各类灯光运行指令均有对应的手势，具体可参照相关视频或企业规定。

a）

b）

图 3-5-19　前照灯高度调节装置

a）手动调节装置　b）自动调节装置

（1）前部灯光检查方法

车辆前部灯光检查手势指令如图 3-5-20 所示。

（2）后部灯光检查方法

车辆后部灯光检查手势指令如图 3-5-21 所示。

a）

b）

c）

d）

e）

f）

g）

图 3-5-20　车辆前部灯光检查手势指令

a）位置灯　b）近光灯　c）远光灯　d）左转向灯　e）右转向灯　f）危险警告信号　g）雾灯

a）

b）

c）

d）

e）

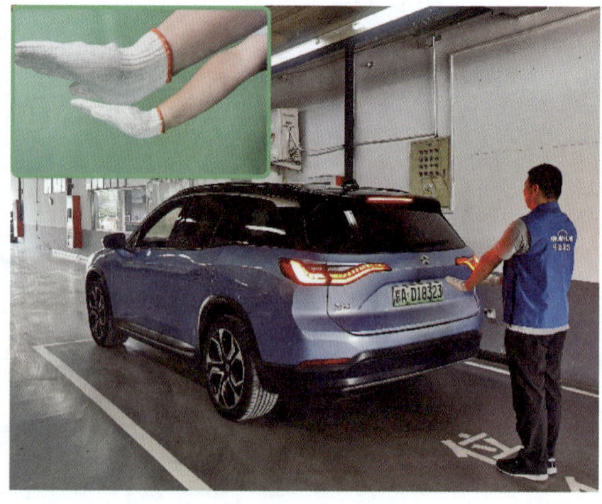
f）

g）

h）

图 3-5-21　后部灯光检查手势指令

a）位置灯　b）右转向灯　c）左转向灯　d）危险警告信号　e）雾灯
f）制动灯　g）倒车灯　h）牌照灯

4. 车辆内部灯光运行与检查方法

车辆内部灯光一般有车顶灯、行李舱灯、化妆镜照明灯、车门示廓灯、手套箱灯等，不同车型和配置的车辆，其内部灯光组成也有所变化。

（1）车顶灯

车顶灯也称阅读灯，安装在车辆顶棚前部、中部或后排拉手附近等位置。车顶灯开关位于车顶灯旁，一般有三种模式，分别为“ON”模式（常亮）、“DOOR”模式和“OFF”模式（关闭），“DOOR”模式下车顶灯会在车门打开时自动亮起，车门关闭后自动关闭。车顶灯如图 3-5-22 所示。

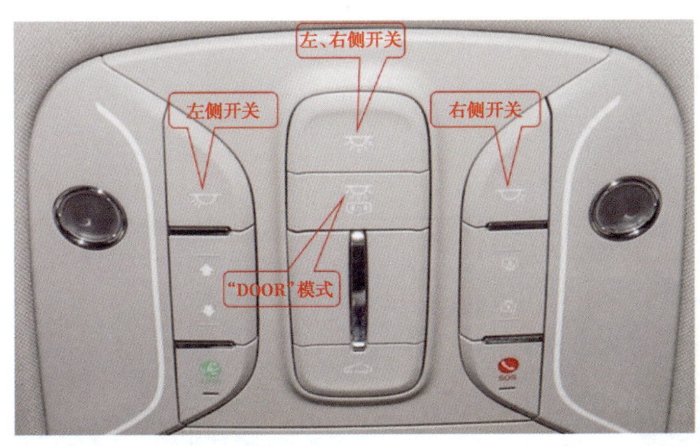

a）

b）

图 3-5-22　车顶灯

a）前部位置　b）后排拉手位置

（2）行李舱灯、手套箱灯和化妆镜照明灯

打开行李舱后行李舱灯自动点亮；打开手套箱后手套箱灯自动点亮；打开遮阳板和化妆镜遮板，化妆镜照明灯自动点亮。如图 3-5-23 所示。

a）

b）

c）

图 3-5-23　行李舱灯、手套箱灯和化妆镜照明灯

a）行李舱灯　b）手套箱灯　c）化妆镜照明灯

（3）车门示廓灯

车门示廓灯的作用是在夜间提醒后方的行人和车辆车门已打开，注意避让。打开车门，车门示廓灯自动点亮。车门示廓灯如图 3-5-24 所示。

图 3-5-24　车门示廓灯

四、任务实施

1. 任务分配

根据实际情况分配任务，并记录在表 3-5-1 中。

表 3-5-1　任务分配

职务	姓名	工作内容
组长		监督、管理组员工作
组员		

2. 物料准备

准备任务实施所需的物料，见表 3-5-2。

表 3-5-2　物料准备

所需物料
防护用品：车内防护用品等
设备、工具：实训车辆、智能钥匙、车辆用户手册等

3. 车辆灯光系统检查

根据车辆灯光系统的运行与检查方法，对车辆灯光系统的基本功能进行检查，并将检查结果填入表 3-5-3 中。

表 3-5-3　车辆灯光系统检查

序号	检查项目	检查内容	检查结果	处理意见
1	灯光控制开关	外观是否有破损	是 □　否 □	
		表面是否有污渍	是 □　否 □	
		旋钮是否可以正常旋转	是 □　否 □	
		控制杆是否可以正常拨动	是 □　否 □	
2	位置灯	左前位置灯是否正常	是 □　否 □	
		右前位置灯是否正常	是 □　否 □	
		左后位置灯是否正常	是 □　否 □	
		右后位置灯是否正常	是 □　否 □	
		仪表板上的位置灯指示灯是否正常	是 □　否 □	
3	日间行车灯	左前日间行车灯是否正常	是 □　否 □	
		右前日间行车灯是否正常	是 □　否 □	
4	近光灯	左前近光灯是否正常	是 □　否 □	
		右前近光灯是否正常	是 □　否 □	
		仪表板上的近光灯指示灯是否正常	是 □　否 □	
5	远光灯	左前远光灯是否正常	是 □　否 □	
		右前远光灯是否正常	是 □　否 □	
		超车和会车时，远光灯是否正常	是 □　否 □	
		仪表板上的远光灯指示灯是否正常	是 □　否 □	
6	雾灯	左前雾灯是否正常	是 □　否 □	
		右前雾灯是否正常	是 □　否 □	
		左后雾灯是否正常	是 □　否 □	
		右后雾灯是否正常	是 □　否 □	
		仪表板上的前、后雾灯指示灯是否正常	是 □　否 □	
7	转向灯	左前转向灯是否正常	是 □　否 □	
		右前转向灯是否正常	是 □　否 □	
		左后转向灯是否正常	是 □　否 □	
		右后转向灯是否正常	是 □　否 □	
		左侧转向灯是否正常	是 □　否 □	
		右侧转向灯是否正常	是 □　否 □	
		仪表板上的左、右转向灯指示灯是否正常	是 □　否 □	

续表

序号	检查项目	检查内容	检查结果	处理意见
8	危险警告信号	所有转向灯是否能同时正常闪烁	是 □ 否 □	
		仪表板上的转向指示灯是否正常	是 □ 否 □	
9	制动灯	左后制动灯是否正常	是 □ 否 □	
		右后制动灯是否正常	是 □ 否 □	
		高位制动灯是否正常	是 □ 否 □	
10	牌照灯	牌照灯是否正常	是 □ 否 □	
11	倒车灯	倒车灯是否正常	是 □ 否 □	
12	自适应前照明	自适应远光功能是否正常	是 □ 否 □	
		前照灯高度手动调节功能是否正常	是 □ 否 □	
		前照灯高度自动调节功能是否正常	是 □ 否 □	
		弯道照明功能是否正常	是 □ 否 □	
13	车顶灯	前部车顶灯是否正常	是 □ 否 □	
		后部车顶灯是否正常	是 □ 否 □	
14	化妆镜照明灯	左化妆镜照明灯是否正常	是 □ 否 □	
		右化妆镜照明灯是否正常	是 □ 否 □	
15	车门示廓灯	车门示廓灯是否正常	是 □ 否 □	
16	行李舱灯	行李舱灯是否正常	是 □ 否 □	
17	手套箱灯	手套箱灯是否正常	是 □ 否 □	

五、检查

根据表 3-5-4 中的检查项目进行检查，并将检查结果和结果点评填入表 3-5-4 中。

表 3-5-4　检查

检查项目	检查结果	结果点评
车辆灯光系统运行与检查		
车辆后部灯光情况与记录是否一致	是 □ 否 □	
车顶灯情况与记录是否一致	是 □ 否 □	
整理及恢复		
工具、设备是否整理恢复	是 □ 否 □	
实训工位是否打扫干净	是 □ 否 □	
工作页是否填写完整	是 □ 否 □	

六、任务小结

本任务小结如图 3-5-25 所示。

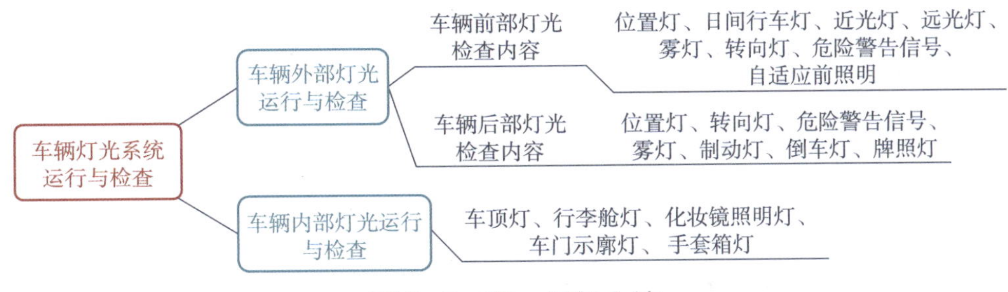

图 3-5-25　任务小结

情境四 高压系统检查与维护

一、情境导入

场景：某智能网联汽车 4S 店

人物：小张（学徒）、王师傅（智能网联汽车维修技师）、李先生（车主）

情境：车主李先生的汽车行驶了近 60 000 km 后到 4S 店做保养，开完单子后王师傅将李先生的汽车开到了维修车间。王师傅告诉小张这辆车要做大保养，需要对车辆高压部件和高压线束的绝缘电阻进行检查。小张听后不知所措，以前简单的保养自己还可以搞定，但对高压部件和高压线束绝缘电阻的检查自己还没有做过。王师傅告诉小张，在检查绝缘电阻之前，需要对车辆进行高压断电，还要知道纯电动汽车都有哪些高压部件和高压线缆，这些高压部件都安装在什么位置。绝缘电阻检查完毕，车辆上电，还需要对车辆进行自诊断。小张明白自己需要学习的东西还有很多，下面就跟着小张一起来学习吧。

二、情境目标

- 能对纯电动汽车进行高压断电。
- 能对纯电动汽车的高压部件和高压线缆进行基本检查。
- 能对纯电动汽车高压部件和高压线缆的绝缘电阻进行检查。
- 能对纯电动汽车进行车辆自诊断。

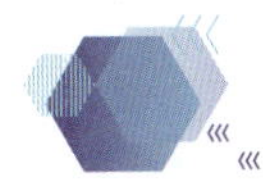

高压断电

一、任务导入

在纯电动汽车进行检查、维护、维修等工作之前，需要对车辆进行高压断电，切断动力蓄电池的电能输出，降低操作人员高压触电和车辆高压系统短路的风险。本任务将学习对纯电动汽车进行高压断电的方法。

二、任务目标

- 能按照标准流程对纯电动汽车进行高压断电。

三、知识学习

1. 高压标记

（1）高压警告标记

根据最大工作电压的不同，将纯电动汽车的电气元件和电路分为 A、B 两级，A 级的最大工作电压为 DC 0 ~ 60 V、AC 0 ~ 30 V，B 级的最大工作电压为 DC 60 ~ 1 500 V、AC 30 ~ 1 000 V。B 级电压电路中的带电部分，如动力蓄电池、高压维修开关等高压部件都标有高压警告标记，符号的底色为黄色，边框和箭头为黑色。高压警告标记如图 4-1-1 所示。

图 4-1-1　高压警告标记

（2）B 级电压电路的电线标记

纯电动汽车 B 级电压电路中电缆、线束和连接器的外观用橙色加以区别，如图 4-1-2 所示。

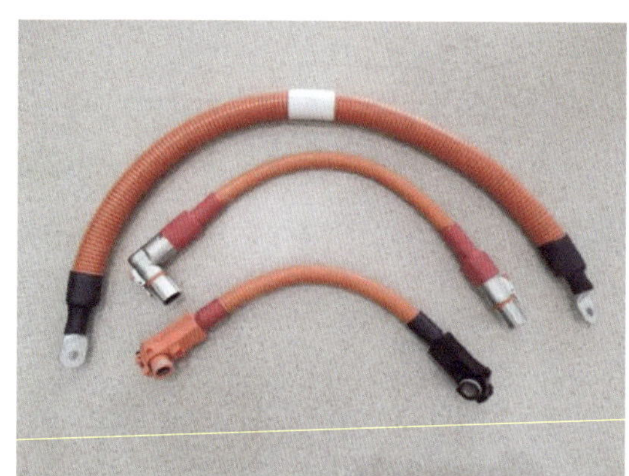

图 4-1-2　B 级电压电路中的电线

注意：

1）上电状态下，禁止插拔高压连接器，禁止触碰高压部件和高压电线，以防发生高压触电事故。

2）高压断电前，若未穿戴人身安全防护用品，禁止插拔高压连接器，禁止触碰高压部件和高压电线，以防发生高压触电事故。

2. A、B 级电压电路的电源

辅助蓄电池为纯电动汽车 A 级电压电路的主要电源，一般位于车辆前机舱内。辅助蓄电池如图 4-1-3 所示。

动力蓄电池是纯电动汽车 B 级电压电路的主要电源，一般位于车辆底部，有一组或两组直流高压线束（即高压母线），高压母线连接器一般位于动力蓄电池前部，如图 4-1-4 所示。

图 4-1-3 辅助蓄电池

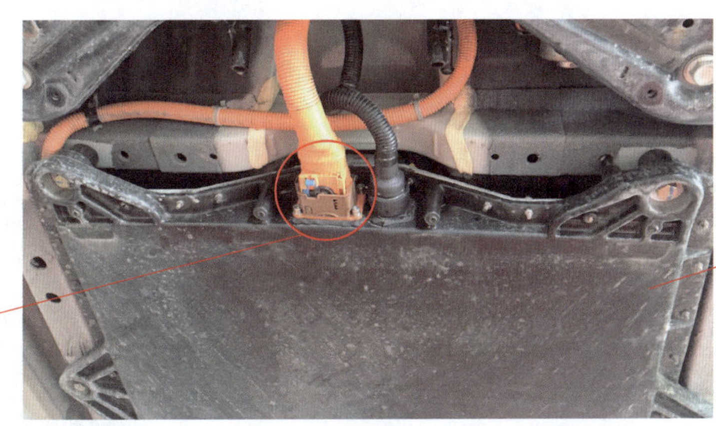

图 4-1-4 动力蓄电池及高压母线连接器

3. 高压断电方法

（1）低压断电

动力蓄电池内部通过高压继电器控制主电路的通断，而高压继电器由电池管理系统（BMS）进行控制，电池管理系统又由辅助蓄电池提供电源，因此可以通过关闭起动开关并断开辅助蓄电池负极，确保电池管理系统无法控制高压继电器接通主电路，达到低压控制高压断电的目的。

（2）高压维修开关断电

纯电动汽车配置了高压维修开关，用于动力蓄电池内部电池组的连接和断开，能够切断动力蓄电池的高压输出。

高压维修开关一般位于乘客舱扶手箱或后排座椅下方，通过高压维修开关断电时，首先进行低压断电，然后拆除高压维修开关遮板，解除高压维修开关锁止，之后拔下高压维修开关。高压维修开关如图 4-1-5 所示。

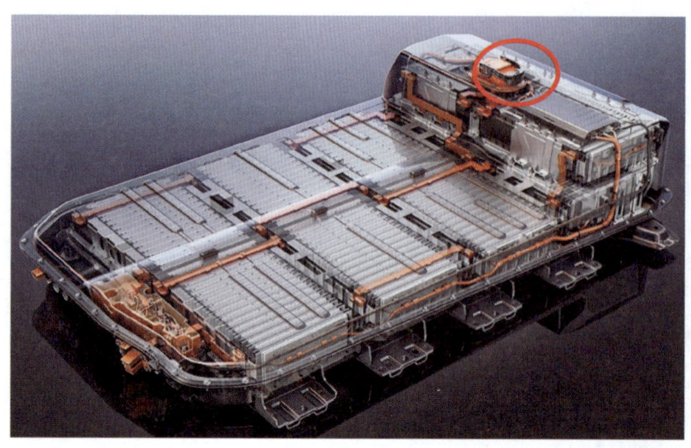

图 4-1-5　高压维修开关

注意：拔下的高压维修开关需妥善保管，谨防工作过程中未经授权人员将其误接。

（3）高压母线断电

若纯电动汽车没有配置高压维修开关，可以通过断开动力蓄电池的高压母线连接器切断动力蓄电池的电能输出，从而达到高压断电的目的。高压母线断电如图 4-1-6 所示。

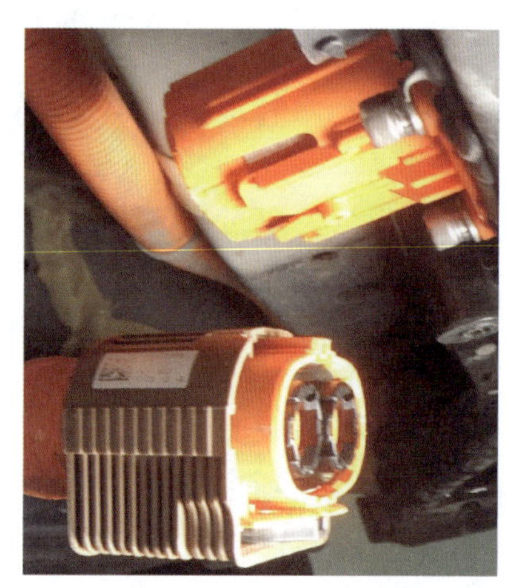

图 4-1-6　高压母线断电

4. 高压断电流程

高压断电的流程为：首先关闭汽车起动开关，然后断开辅助蓄电池负极，拔出高压维修开关（如有）并断开动力蓄电池高压母线，之后在高压母线连接器处验证 B 级电压电路的电压和绝缘电阻符合要求后，方可进行检查、维护、维修等工作。纯电动汽车的高压断电流程如图 4-1-7 所示。

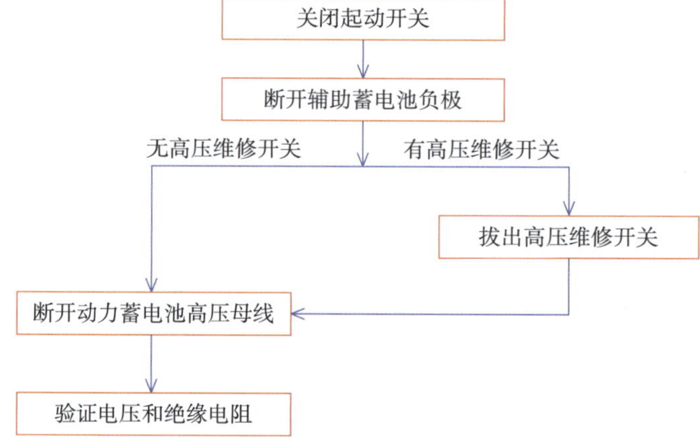

图 4-1-7　纯电动汽车的高压断电流程

注意：

（1）在纯电动汽车进行检查、维护、维修等工作之前，必须进行高压断电。进行故障诊断、检测时，需连接辅助蓄电池负极，恢复低压供电。

（2）断开辅助蓄电池接线柱和高压连接器后必须对其进行防护，可采用绝缘胶带缠绕、装入防护袋等方式。

（3）若动力蓄电池高压母线连接器处装配有护板，在断开动力蓄电池的高压母线前需将护板拆除。

5. 高压断电检测

（1）绝缘电阻检测

绝缘电阻检测方法如图 4-1-8 所示。

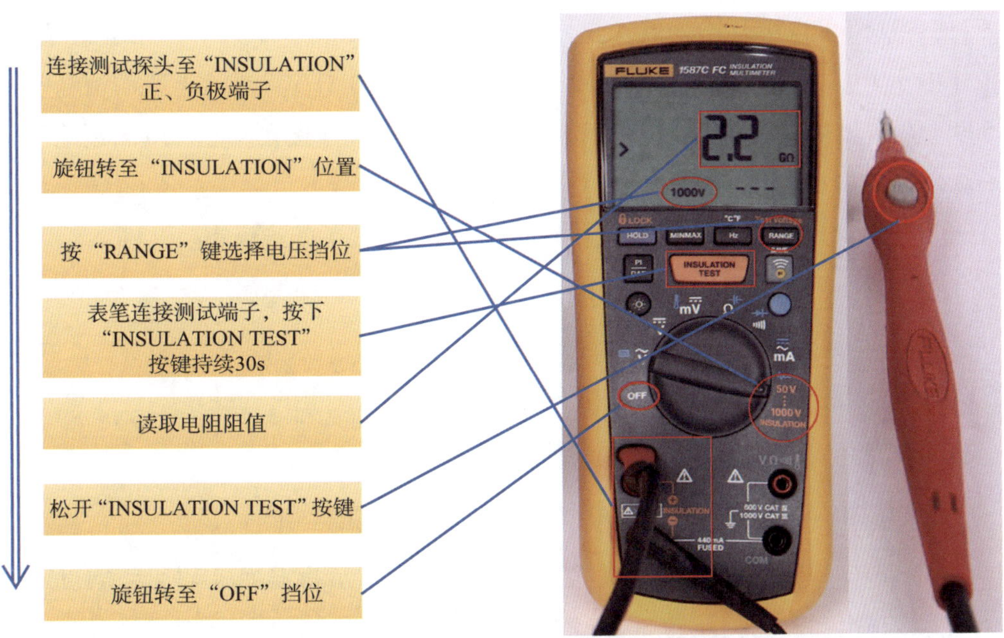

图 4-1-8　绝缘电阻检测方法

1）将绝缘表测试探头插入标有“INSULATION”标记的输入端子。

2）将旋钮开关旋转至“INSULATION”位置。

3）按“RANGE”按键选择测试电压，选择为不低于 B 级电压电路的最高工作电压挡位，宜选择 1 000 V 挡位。

4）将绝缘表负极表笔与车辆电平台（由车身、辅助蓄电池负极、与车身连接的金属部件等组成的一组电气相连的可导电部分，其电位作为基准电位，约定为零）连接、正极表笔与测试端子连接，如图 4-1-9 所示。

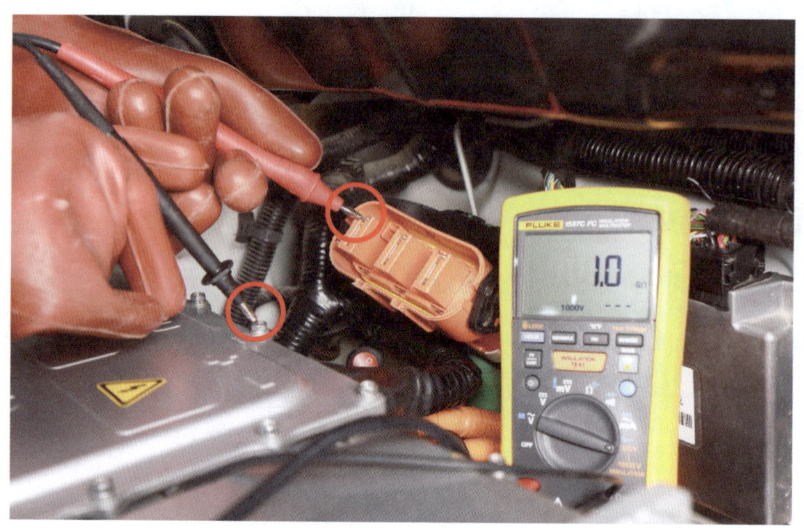

图 4-1-9　表笔连接方法

5）按住“TEST”按键开始测试，主显示位置上以 MΩ 或 GΩ 为单位显示绝缘电阻阻值。在最大工作电压下，直流电路的绝缘电阻阻值应不小于 100 Ω/V，交流电路的绝缘电阻阻值应不小于 500 Ω/V。如果直流和交流的 B 级电压电路可导电地连接在一起，应满足绝缘电阻阻值不小于 500 Ω/V 的要求。

6）松开“TEST”按键，将旋转开关旋转至“OFF”挡，关闭绝缘表。

注意：

①使用绝缘表时必须进行人身安全防护。

②绝缘电阻检测只能在不通电的电路上进行。

③绝缘表本体与表笔的“INSULATION TEST”按键的功能相同。

④ 100 Ω/V、500 Ω/V 为根据动力蓄电池标称电压计算标准绝缘电阻阻值的依据。例如，一辆动力蓄电池标称电压为 500 V 的纯电动汽车，绝缘电阻阻值要求不小于 500 Ω/V，经计算，得到绝缘电阻阻值要求不小于 500 V × 500 Ω/V=250 000 Ω=250 MΩ=0.25 GΩ。

（2）电压检测

将万用表测试探头插入标有“V”和“COM”标记的正、负极输入端子，将旋转开关旋转至对应挡位，如直流电压挡。将万用表负极表笔与车辆电平台连接、正极表笔与测试端子连接，读取测量结果，电压低于 36 V 方可继续操作。万用表如图 4-1-10 所示。

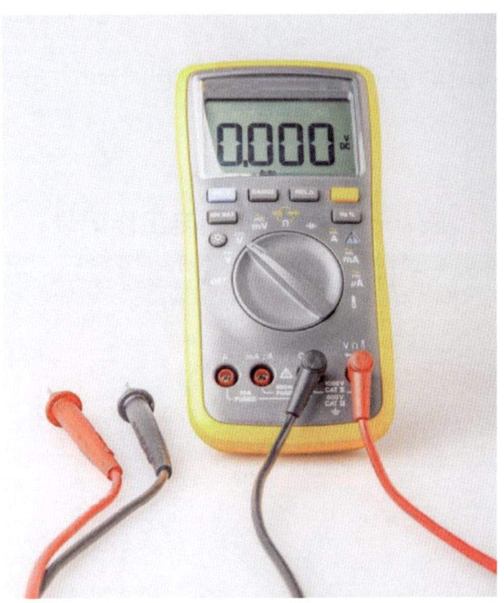

图 4-1-10 万用表

四、任务实施

1. 任务分配

根据实际情况分配任务，并记录在表 4-1-1 中。

表 4-1-1 任务分配

职务	姓名	工作内容
组长		监督、管理组员工作
组员		

2. 物料准备

准备任务实施所需的物料，见表 4-1-2。

表 4-1-2 物料准备

所需物料
高压安全防护用品：人身安全防护用品、车辆防护用品、操作场地安全防护用品等
设备、工具：实训车辆、智能钥匙、车辆维修手册、万用表、防护袋（或绝缘胶带）、绝缘工具、举升机、绝缘表等

3. 高压断电工作

参照车辆维修手册和图 4–1–7 所示的高压断电流程对纯电动汽车进行高压断电工作，并将相关内容记录在表 4–1–3 中。

表 4–1–3　高压断电工作记录

序号	操作步骤	备注
1		
2		
3		
4		
5		
6		
7		
8		
9		
10		

五、检查

根据表 4–1–4 中的检查项目进行检查，并将检查结果和结果点评填入表 4–1–4 中。

表 4–1–4　检查

检查项目	检查结果	结果点评
高压断电工作		
是否进行低压断电	是 □　否 □	
是否对断开的高压连接器进行防护	是 □　否 □	
是否妥善保管高压维修开关	是 □　否 □	
人身安全防护用品是否穿戴整齐	是 □　否 □	
整理及恢复		
是否对车辆进行通电复位	是 □　否 □	
工具、设备是否整理恢复	是 □　否 □	
实训工位是否打扫干净	是 □　否 □	
工作页是否填写完整	是 □　否 □	

六、任务小结

本任务小结如图 4-1-11 所示。

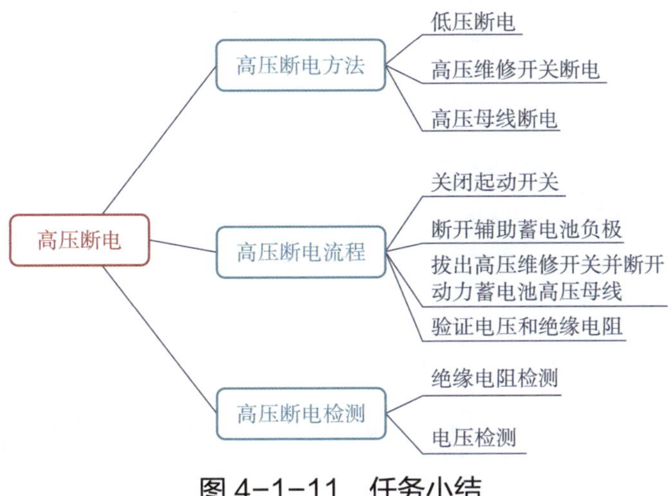

图 4-1-11　任务小结

高压系统外观检查

一、任务导入

根据智能网联汽车结构的特殊性和电路的复杂性，并考虑智能网联汽车高压安全问题，必须对智能网联汽车的高压系统进行日常维护和检查，这是智能网联汽车安全运行的必要保证。本任务将学习如何对智能网联汽车高压系统的外观进行检查。

二、任务目标

- 能对智能网联汽车高压系统的外观进行检查。

三、知识学习

1. 高压系统介绍

高压系统是指动力蓄电池及与动力蓄电池直流母线相连或由动力蓄电池驱动的高压部件系统，主要包括但不限于动力蓄电池系统、驱动电机系统和高压辅助部件（高压控制盒、DC/DC 变换器、车载充电机、空调压缩机、PTC 加热器等）和高压线缆（线束、电缆）。高压部件的安装位置如图 4–2–1 所示。

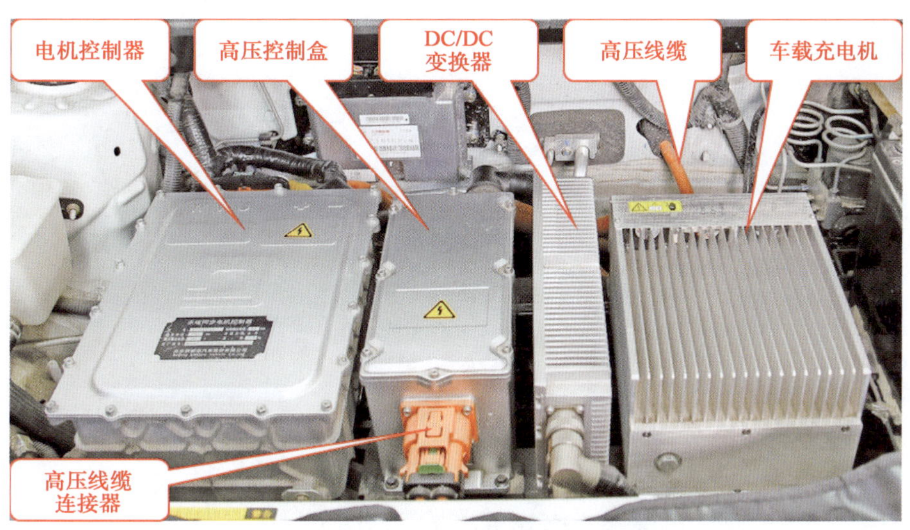

图 4-2-1　高压部件的安装位置

（1）动力蓄电池系统

动力蓄电池系统是由一个或一个以上的蓄电池包及相应附件（电池管理系统、高压电路、低压电路、热管理设备以及机械总成）构成的系统。

动力蓄电池系统的功能是接收和储存由车载充电机、制动能量回收装置和外置充电装置提供的高压直流电，并且为驱动电机控制器、DC/DC 变换器、空调压缩机、PTC 加热器等高压部件提供直流电。动力蓄电池系统一般安装在车辆底部，如图 4-2-2 所示。

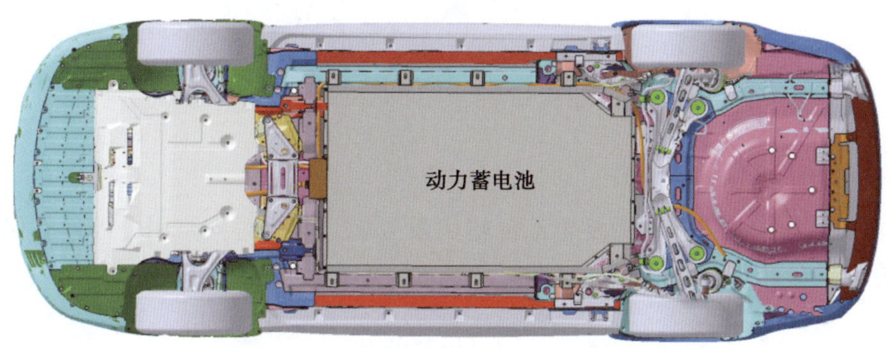

图 4-2-2　动力蓄电池系统的安装位置

（2）驱动电机系统

驱动电机系统包括驱动电机和电机控制器。驱动电机的作用是驱动车辆行驶，一般安装在前机舱底部，如图 4-2-3 所示。

电机控制器是驱动电机系统的控制中心，它对所有输入信号进行处理，并将电机控制系统运行状态的信息发送给整车控制器。电机控制器内含功能诊断电路，当其诊断出驱动电机系统异常时，将会激活一个错误代码，发送给整车控制器。电机控制器一般安装在前机舱内，部分车型安装在车辆后部。电机控制器如图 4-2-4 所示。

图 4-2-3 驱动电机系统的安装位置

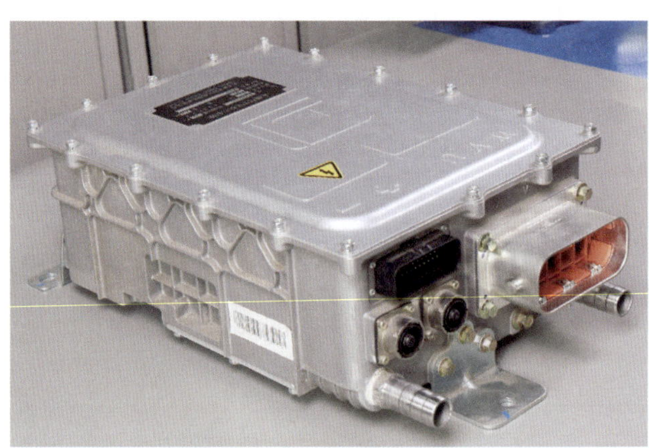

图 4-2-4 电机控制器

（3）高压控制盒

高压控制盒的功能是完成动力蓄电池的输出及分配，实现对支路用电器件的保护。高压控制盒一般安装在前机舱内。高压控制盒如图 4-2-5 所示。

图 4-2-5 高压控制盒

（4）车载充电机

车载充电机的功能是将交流电转换为直流电，实现动力蓄电池的能量补给。车载充电机一般安装在前机舱内。车载充电机如图 4-2-6 所示。

图 4-2-6　车载充电机

（5）DC/DC 变换器

DC/DC 变换器的功能是将动力蓄电池的高压直流电转换为整车低压直流电（12 V），在车辆起动状态下为整车低压用电系统供电，并为辅助蓄电池充电。DC/DC 变换器一般安装在前机舱内。DC/DC 变换器如图 4-2-7 所示。

图 4-2-7　DC/DC 变换器

（6）空调压缩机

空调压缩机的作用是在空调制冷剂回路中压缩、驱动制冷剂。空调压缩机一般安装在前机舱底部，如图 4-2-8 所示。

（7）PTC 加热器

PTC 加热器是直接将电能转化为热能的取暖装置，大部分纯电动汽车均采用由 PTC 热敏电阻做成的加热器来提高车内温度。PTC 加热器一般安装在仪表台内部。

图 4-2-8　空调压缩机的安装位置

（8）高压线缆

纯电动汽车的高压线缆一般分为多段，各车型因高压部件位置不同，高压线缆也会有所不同，具体以实车为准。

动力蓄电池高压电缆：连接动力蓄电池与高压控制盒的电缆，如图 4-2-9a 所示。

电机控制器电缆：连接高压控制盒与电机控制器的电缆，如图 4-2-9b 所示

快充线束：连接快充口与高压控制盒的线束，如图 4-2-9c 所示。

慢充线束：连接慢充口与车载充电机的线束，如图 4-2-9d 所示。

高压附件电缆：连接高压控制盒与 DC/DC 变换器、车载充电机、空调压缩机、PTC 加热器的电缆，如图 4-2-9e 所示。

图 4-2-9　高压线缆

a）动力蓄电池高压电缆　b）电机控制器电缆　c）快充线束　d）慢充线束　e）高压附件电缆

2. 高压系统外观检查

（1）动力蓄电池系统检查

动力蓄电池系统检查内容如下：

1）外壳是否有锈蚀、碰伤、裂痕、划痕和变形。

2）铭牌的字迹和内容是否清晰无误，铭牌是否脱离。

3）各部件的固定螺栓是否牢固，焊接处是否有裂痕。

4）低压连接器的连接是否牢固，连接线缆是否有老化、破损和腐蚀现象。

5）冷却系统水管的连接是否牢固，是否有漏液和堵塞。

6）排气装置是否堵塞。

7）动力蓄电池箱的密封条是否完好，是否有破损、老化现象。

8）高压警告标记是否完好。

9）表面是否有灰尘。

（2）驱动电机系统检查

驱动电机和电机控制器检查内容如下：

1）外壳是否有锈蚀、碰伤和划痕，涂覆层是否有剥落现象。

2）各部件的固定螺栓是否牢固。

3）颜色和标记是否正确（U 相为黄色标记，V 相为绿色标记，W 相为红色标记）。

4）铭牌的字迹和内容是否清晰无误，铭牌是否脱离。

5）高压警告标记是否完好。

6）冷却系统水管的连接是否牢固，是否有漏液和堵塞。

7）表面是否有灰尘。

8）低压连接器的连接是否牢固，连接线缆是否有老化、破损和腐蚀现象。

（3）高压辅助部件检查

高压控制盒、DC/DC 变换器、车载充电机、空调压缩机、PTC 加热器等的检查内容如下：

1）检查前机舱内各高压部件的外观是否有破损和划痕。

2）检查前机舱内各高压部件的铭牌信息是否清晰，铭牌有无破损。

3）检查高压部件的低压连接器安装是否到位。

4）检查 DC/DC 变换器负极与车身搭铁的螺栓是否紧固。

（4）高压线缆检查

1）检查高压线缆的外观是否有破损、老化和腐蚀现象。

2）检查高压线缆连接器的连接是否完好、牢固，是否有效锁止。

3）检查高压线缆有无死弯，护套有无破损。

四、任务实施

1. 任务分配

根据实际情况分配任务，并记录在表 4-2-1 中。

表 4-2-1　任务分配

职务	姓名	工作内容
组长		监督、管理组员工作
组员		

2. 物料准备

准备任务实施所需的物料，见表 4-2-2。

表 4-2-2　物料准备

所需物料
防护用品：人身安全防护用品、车辆防护用品、操作场地安全防护用品等
设备、工具：实训车辆、智能钥匙、车辆用户手册、举升机、绝缘工具套装等

3. 高压系统外观检查

根据高压系统外观检查方法，对高压系统部件外观进行基本检查，并将检查结果填入表 4-2-3 中。

表 4-2-3　高压系统外观检查

检查项目	检查内容	检查结果	处理意见
动力蓄电池系统	外壳是否正常	正常 □	
		锈蚀 □　碰伤 □　裂痕 □　划痕 □ 变形 □　其他 □________	
	铭牌的字迹和内容是否清晰无误	是 □　否 □	
	铭牌是否脱离	是 □　否 □	
	各部件的固定螺栓是否牢固	是 □　否 □	
	低压连接器的连接是否牢固	是 □　否 □	
	低压连接器连接线缆的外观是否正常	正常 □	
		老化 □　破损 □　腐蚀 □ 其他 □________	
	冷却系统水管的连接是否牢固	是 □　否 □	
	冷却系统是否有漏液和堵塞	正常 □	
		漏液 □　堵塞 □　其他 □________	
	排气装置是否堵塞	是 □　否 □	

续表

<table>
<tr><th>检查项目</th><th>检查内容</th><th>检查结果</th><th>处理意见</th></tr>
<tr><td rowspan="3">动力蓄电池系统</td><td>动力蓄电池箱的密封条是否正常</td><td>正常 □
破损 □　老化 □　其他 □________</td><td></td></tr>
<tr><td>高压警告标记是否完好</td><td>是 □　否 □</td><td></td></tr>
<tr><td>表面是否清洁</td><td>是 □　否 □</td><td></td></tr>
<tr><td rowspan="12">电机控制器</td><td>外壳是否正常</td><td>正常 □
锈蚀 □　碰伤 □　划痕 □
涂覆层剥落 □　其他 □________</td><td></td></tr>
<tr><td>各部件的固定螺栓是否牢固</td><td>是 □　否 □</td><td></td></tr>
<tr><td>颜色和标记是否正确</td><td>是 □　否 □</td><td></td></tr>
<tr><td>铭牌的字迹和内容是否清晰无误</td><td>是 □　否 □</td><td></td></tr>
<tr><td>铭牌是否脱离</td><td>是 □　否 □</td><td></td></tr>
<tr><td>高压警告标记是否完好</td><td>是 □　否 □</td><td></td></tr>
<tr><td>冷却系统水管的连接是否牢固</td><td>是 □　否 □</td><td></td></tr>
<tr><td>冷却系统是否有漏液和堵塞</td><td>正常 □
漏液 □　堵塞 □　其他 □________</td><td></td></tr>
<tr><td>低压连接器的连接是否牢固</td><td>是 □　否 □</td><td></td></tr>
<tr><td>低压连接器线缆的外观是否正常</td><td>正常 □
老化 □　破损 □　腐蚀 □
其他 □________</td><td></td></tr>
<tr><td>表面是否清洁</td><td>是 □　否 □</td><td></td></tr>
<tr><td rowspan="11">驱动电机</td><td>外壳是否正常</td><td>正常 □
锈蚀 □　碰伤 □　划痕 □
涂覆层剥落 □　其他 □________</td><td></td></tr>
<tr><td>各部件的固定螺栓是否牢固</td><td>是 □　否 □</td><td></td></tr>
<tr><td>颜色和标记是否正确</td><td>是 □　否 □</td><td></td></tr>
<tr><td>铭牌的字迹和内容是否清晰无误</td><td>是 □　否 □</td><td></td></tr>
<tr><td>铭牌是否脱离</td><td>是 □　否 □</td><td></td></tr>
<tr><td>高压警告标记是否完好</td><td>是 □　否 □</td><td></td></tr>
<tr><td>冷却系统水管的连接是否牢固</td><td>是 □　否 □</td><td></td></tr>
<tr><td>冷却系统是否有漏液和堵塞</td><td>正常 □
漏液 □　堵塞 □　其他 □________</td><td></td></tr>
<tr><td>低压连接器的连接是否牢固</td><td>是 □　否 □</td><td></td></tr>
<tr><td>低压连接器线缆的外观是否正常</td><td>正常 □
老化 □　破损 □　腐蚀 □
其他 □________</td><td></td></tr>
<tr><td>表面是否清洁</td><td>是 □　否 □</td><td></td></tr>
</table>

续表

检查项目	检查内容	检查结果	处理意见
高压控制盒	外观是否正常	正常 □	
		破损 □ 划痕 □ 其他 □________	
	铭牌信息是否清晰	是 □ 否 □	
	铭牌是否破损	是 □ 否 □	
	低压连接器的安装是否到位	是 □ 否 □	
DC/DC 变换器	外观是否正常	正常 □	
		破损 □ 划痕 □ 其他 □________	
	铭牌信息是否清晰	是 □ 否 □	
	铭牌是否破损	是 □ 否 □	
	低压连接器的安装是否到位	是 □ 否 □	
	DC/DC 变换器负极与车身搭铁的螺栓是否紧固	是 □ 否 □	
车载充电机	外观是否正常	正常 □	
		破损 □ 划痕 □ 其他 □________	
	铭牌信息是否清晰	是 □ 否 □	
	铭牌是否破损	是 □ 否 □	
	低压连接器的安装是否到位	是 □ 否 □	
PTC 加热器	外观是否正常	正常 □	
		破损 □ 划痕 □ 其他 □________	
	铭牌信息是否清晰	是 □ 否 □	
	铭牌是否破损	是 □ 否 □	
	低压连接器的安装是否到位	是 □ 否 □	
高压线缆	外观是否正常	正常 □	
		破损 □ 老化 □ 腐蚀 □ 其他 □________	
	连接器的连接是否正常	是 □ 否 □	
	线缆有无死弯	是 □ 否 □	
	护套有无破损	是 □ 否 □	

注意：不同品牌和配置的车辆，高压部件的安装位置会有差异，需根据实际车辆并参考车辆用户手册检查高压系统。

五、检查

根据表 4–2–4 中的检查项目进行检查，并将检查结果和结果点评填入表 4–2–4 中。

表 4–2–4　检查

检查项目	检查结果	结果点评
高压系统检查		
各高压连接器是否有效锁止	是 □　否 □	
高压系统各部件固定螺栓是否牢固	是 □　否 □	
整理及恢复		
工具、设备是否整理恢复	是 □　否 □	
实训工位是否打扫干净	是 □　否 □	
工作页是否填写完整	是 □　否 □	

六、任务小结

本任务小结如图 4–2–10 所示。

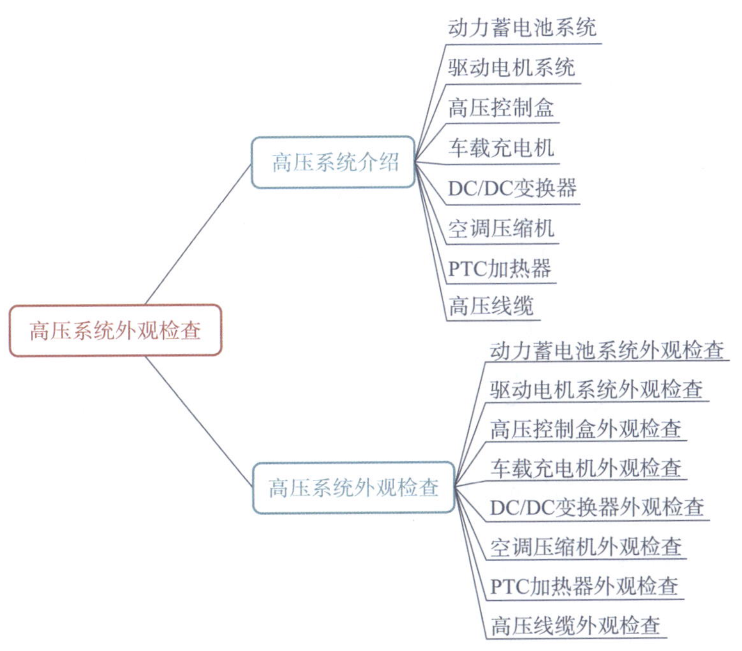

图 4–2–10　任务小结

绝缘电阻检查

一、任务导入

绝缘电阻检查是纯电动汽车电气设备绝缘性能检验的常规手段，对保证乘客安全、高压系统正常工作和车辆安全运行具有重要意义。本任务将学习如何对纯电动汽车高压部件和高压线缆进行绝缘电阻检查。

二、任务目标

- 能按照标准流程检查高压系统各部件的绝缘情况。

三、知识学习

在纯电动汽车的日常使用中，高压线缆绝缘介质老化、环境潮湿等因素都会导致高压电路与车身之间的绝缘性能下降，在车身与电源之间构成漏电回路，使车身电位升高，不仅会危及乘客的人身安全，而且会影响低压电器和车辆控制器的正常工作。当高压电路与车身之间发生多点绝缘性能严重下降时，还将导致漏电回路产生热累积效应，可能造成车辆的电气火灾。因此，需要适时、定量地检测纯电动汽车高压电气系统相对车辆底盘的电气绝缘性能。

1. 绝缘电阻

绝缘电阻即绝缘介质的电阻，是衡量绝缘介质绝缘性能好坏的物理量。在纯电动汽车中，主要以绝缘电阻阻值的大小来评价高压部件或高压线缆的绝缘性能。绝缘电阻的检查内容主要为带电部件与壳体、大地等参考平台之间的电阻，由于数值较大，故常以 MΩ 为单位。

2. 绝缘电阻检查内容与方法

（1）动力蓄电池绝缘电阻检查

1）检查内容

①动力蓄电池正极与车身之间绝缘电阻的检查。

②动力蓄电池负极与车身之间绝缘电阻的检查。

2）检查方法

①将绝缘表的测量电压调整为电池包或系统标称电压的 1.5 倍或 DC 500 V，两者取较高值。

②在起动开关打开的状态下，将绝缘表黑表笔连接车身，红表笔依次连接动力蓄电池正、负极端子，如图 4-3-1 所示。施加电压的时间应该足够长，以便获得稳定的读数，推荐时长为 30 s。

图 4-3-1　检查动力蓄电池绝缘电阻

3）标准值

动力蓄电池正、负极与车身之间的绝缘电阻阻值应不小于 100 Ω/V。

（2）车载充电机绝缘电阻检查

1）检查内容

①车载充电机直流输出正极与车载充电机外壳之间绝缘电阻的检查。

②车载充电机直流输出负极与车载充电机外壳之间绝缘电阻的检查。

2）检查方法

将绝缘表黑表笔连接车载充电机外壳，红表笔依次连接车载充电机直流输出正、负极，如图 4-3-2 所示。

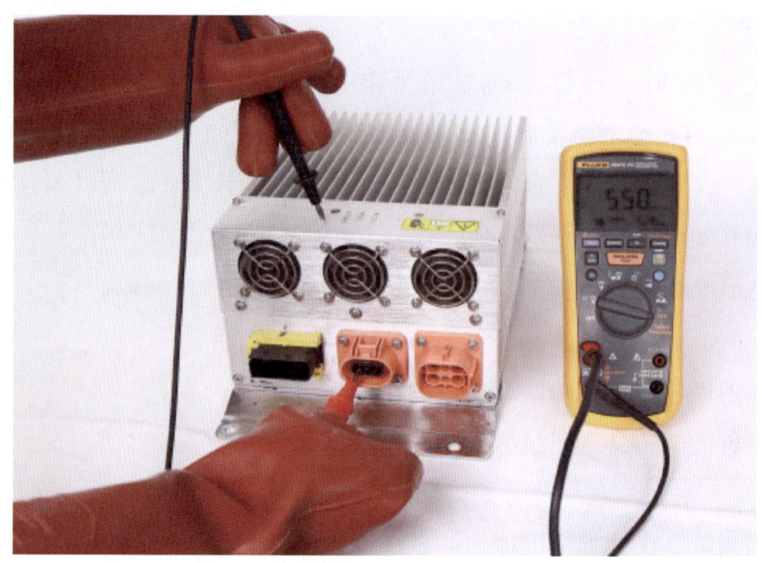

图 4-3-2 检查车载充电机绝缘电阻

3）标准值

车载充电机非电气连接的各带电回路之间、各独立带电回路与外壳之间的绝缘电阻阻值应不小于 10 MΩ。

（3）DC/DC 变换器绝缘电阻检查

1）检查内容

①DC/DC 变换器高压输入正极与 DC/DC 变换器外壳之间绝缘电阻的检查。

②DC/DC 变换器高压输入负极与 DC/DC 变换器外壳之间绝缘电阻的检查。

2）检查方法

将绝缘表黑表笔连接 DC/DC 变换器外壳，红表笔依次连接 DC/DC 变换器高压输入正、负极，如图 4-3-3 所示。

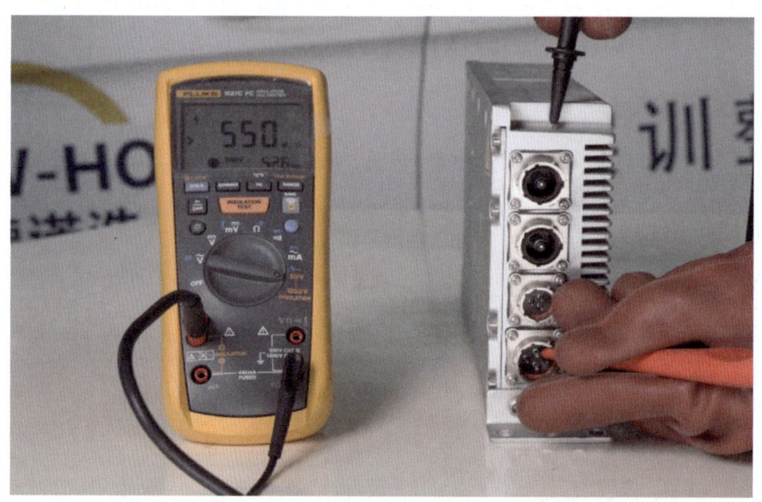

图 4-3-3 检查 DC/DC 变换器绝缘电阻

3）标准值

DC/DC 变换器中带电电路与 DC/DC 变换器外壳之间的绝缘电阻阻值应不小于 500 Ω/V。

（4）空调压缩机绝缘电阻检查

1）检查内容

①空调压缩机高压输入正极与空调压缩机外壳之间绝缘电阻的检查。

②空调压缩机高压输入负极与空调压缩机外壳之间绝缘电阻的检查。

2）检查方法

将绝缘表黑表笔连接空调压缩机外壳，红表笔依次连接空调压缩机高压输入正、负极，如图 4-3-4 所示。

图 4-3-4　检查空调压缩机绝缘电阻

3）标准值

在空调压缩机内存在制冷剂和润滑油的情况下，空调压缩机正、负极与外壳之间的绝缘电阻阻值应大于 10 MΩ。

（5）PTC 加热器绝缘电阻检查

1）检查内容

①PTC 加热器正极与车身之间绝缘电阻的检查。

②PTC 加热器负极（A-）与车身之间绝缘电阻的检查。

③PTC 加热器负极（B-）与车身之间绝缘电阻的检查。

2）检查方法

将绝缘表黑表笔连接车身，红表笔依次连接 PTC 加热器正、负极，如图 4-3-5 所示。

3）标准值

PTC 加热器正、负极与车身之间的绝缘电阻阻值应不小于 500 MΩ。

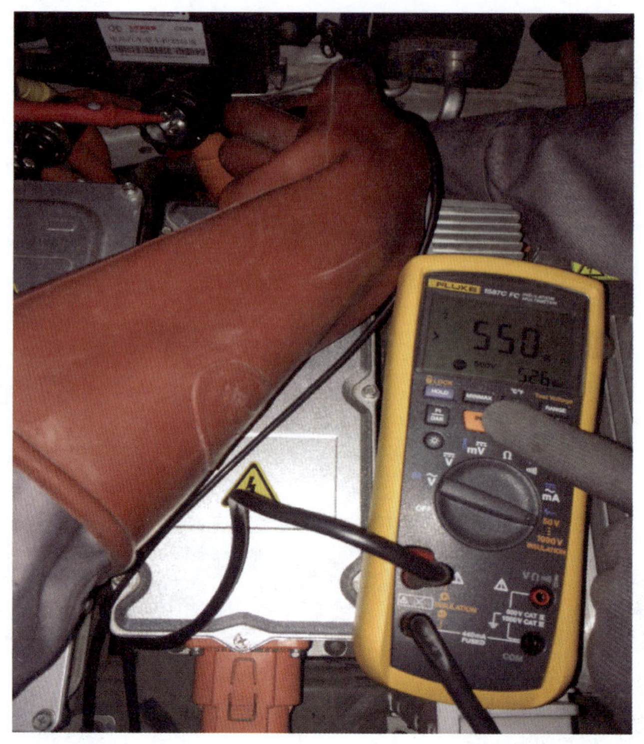

图 4-3-5　检查 PTC 加热器绝缘电阻

（6）电机控制器绝缘电阻检查

1）检查内容

①电机控制器高压输入正极与外壳之间绝缘电阻的检查。

②电机控制器高压输入负极与外壳之间绝缘电阻的检查。

③电机控制器交流输出 U 极与外壳之间绝缘电阻的检查。

④电机控制器交流输出 V 极与外壳之间绝缘电阻的检查。

⑤电机控制器交流输出 W 极与外壳之间绝缘电阻的检查。

2）检查方法

将绝缘表黑表笔连接电机控制器外壳，红表笔依次连接电机控制器高压输入正、负极和交流输出 U 极、V 极、W 极，如图 4-3-6 所示。

3）标准值

电机控制器动力端子与外壳、信号端子与外壳、动力端子与信号端子之间的绝缘电阻阻值均应不小于 1 MΩ。

（7）驱动电机绝缘电阻检查

1）检查内容

①驱动电机交流输入 U 极与驱动电机外壳之间绝缘电阻的检查。

②驱动电机交流输入 V 极与驱动电机外壳之间绝缘电阻的检查。

③驱动电机交流输入 W 极与驱动电机外壳之间绝缘电阻的检查。

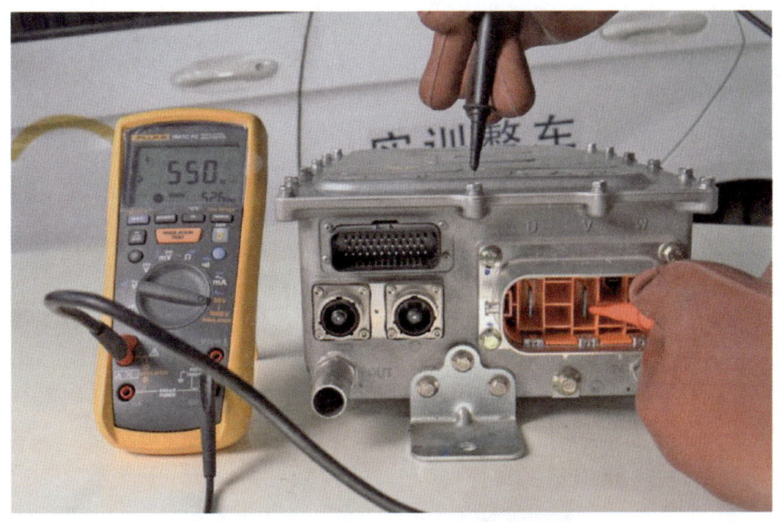

图 4-3-6　检查电机控制器绝缘电阻

2）检查方法

将绝缘表黑表笔连接外壳，红表笔依次连接驱动电机三相交流输入 U 极、V 极和 W 极，如图 4-3-7 所示。

图 4-3-7　检查驱动电机绝缘电阻

3）标准值

驱动电机定子绕组与驱动电机外壳之间的绝缘电阻阻值应大于 0.38 MΩ。

（8）高压控制盒绝缘电阻检查

1）检查内容

①高压控制盒高压输入正极与外壳之间绝缘电阻的检查。

②高压控制盒高压输入负极与外壳之间绝缘电阻的检查。

③高压控制盒快充输入正极与外壳之间绝缘电阻的检查。

④高压控制盒快充输入负极与外壳之间绝缘电阻的检查。

2）检查方法

将绝缘表黑表笔连接高压控制盒外壳，红表笔依次连接高压控制盒高压输入正、负极和快充输入正、负极，如图 4-3-8 所示。

图 4-3-8　检查高压控制盒绝缘电阻

3）标准值

高压控制盒高压输入正、负极和快充输入正、负极与外壳之间的绝缘电阻阻值应不小于 500 MΩ。

（9）高压线缆绝缘电阻检查

1）检查内容

①高压线缆正极与屏蔽层之间绝缘电阻的检查。

②高压线缆负极与屏蔽层之间绝缘电阻的检查。

2）检查方法

将高压线缆两端同时断开，绝缘表黑表笔连接被检查的高压线缆屏蔽层，红表笔依次连接高压线缆正、负极，检查高压线缆正、负极与屏蔽层之间的绝缘电阻，如图 4-3-9 所示。

3）标准值

高压线缆的绝缘电阻阻值应不小于 500 MΩ。

3. 绝缘电阻检查流程

（1）做好人身安全防护。

（2）做好环境安全防护。

图 4-3-9　检查高压线缆绝缘电阻

（3）对车辆进行高压断电。

（4）依次断开高压部件和高压线缆连接器。

（5）使用万用表检查高压部件和高压线缆的电压，确认无高压。

（6）按照绝缘电阻的检查内容和方法，使用绝缘表依次检查高压部件和高压线缆的绝缘电阻。

（7）将检查结果与标准值进行对比，如果高压部件或高压线缆的检查结果大于或等于标准值，则可以继续使用；如果高压部件或高压线缆的检查结果小于标准值，则不能继续使用，需要进行更换或维修。

注意：

1）切勿检查高压部件正、负极之间的绝缘电阻，以免造成部件损坏。

2）不同厂家高压部件和高压线缆的绝缘电阻存在差异，具体车型的绝缘电阻标准阻值以车辆维修手册为准。

四、任务实施

1. 任务分配

根据实际情况分配任务，并记录在表 4-3-1 中。

表 4-3-1　任务分配

职务	姓名	工作内容
组长		监督、管理组员工作
组员		

2. 物料准备

准备任务实施所需的物料，见表 4-3-2。

表 4-3-2　物料准备

所需物料
防护用品：人身安全防护用品、车辆防护用品、操作场地安全防护用品等
设备、工具：实训车辆、智能钥匙、车辆维修手册、万用表、防护袋（或绝缘胶带）、绝缘工具、举升机、绝缘表等

3. 检查绝缘电阻

参考车辆维修手册对纯电动汽车的高压部件和高压线缆进行绝缘电阻检查，并将相关内容记录在表 4-3-3 中。

表 4-3-3　高压部件及高压线缆绝缘电阻检查记录

序号	检查项目		检查点		检查值	标准值	检查结果
			红	黑			
1	动力蓄电池及高压连接线缆	动力蓄电池正极与车身之间的绝缘电阻					正常 □　不正常 □
		动力蓄电池负极与车身之间的绝缘电阻					正常 □　不正常 □
		动力蓄电池高压线缆正极与屏蔽层之间的绝缘电阻					正常 □　不正常 □
		动力蓄电池高压线缆负极与屏蔽层之间的绝缘电阻					正常 □　不正常 □

续表

<table>
<tr><th rowspan="2">序号</th><th rowspan="2" colspan="2">检查项目</th><th colspan="2">检查点</th><th rowspan="2">检查值</th><th rowspan="2">标准值</th><th rowspan="2">检查结果</th></tr>
<tr><th>红</th><th>黑</th></tr>
<tr><td rowspan="6">2</td><td rowspan="6">车载充电机及高压连接线缆</td><td>车载充电机直流输出正极与外壳之间的绝缘电阻</td><td></td><td></td><td></td><td></td><td>正常 □　不正常 □</td></tr>
<tr><td>车载充电机直流输出负极与外壳之间的绝缘电阻</td><td></td><td></td><td></td><td></td><td>正常 □　不正常 □</td></tr>
<tr><td>车载充电机高压线缆正极与屏蔽层之间的绝缘电阻</td><td></td><td></td><td></td><td></td><td>正常 □　不正常 □</td></tr>
<tr><td>车载充电机高压线缆负极与屏蔽层之间的绝缘电阻</td><td></td><td></td><td></td><td></td><td>正常 □　不正常 □</td></tr>
<tr><td>慢充线缆L极与屏蔽层之间的绝缘电阻</td><td></td><td></td><td></td><td></td><td>正常 □　不正常 □</td></tr>
<tr><td>慢充线缆N极与屏蔽层之间的绝缘电阻</td><td></td><td></td><td></td><td></td><td>正常 □　不正常 □</td></tr>
<tr><td rowspan="4">3</td><td rowspan="4">DC/DC变换器及高压连接线缆</td><td>DC/DC变换器高压输入正极与外壳之间的绝缘电阻</td><td></td><td></td><td></td><td></td><td>正常 □　不正常 □</td></tr>
<tr><td>DC/DC变换器高压输入负极与外壳之间的绝缘电阻</td><td></td><td></td><td></td><td></td><td>正常 □　不正常 □</td></tr>
<tr><td>DC/DC变换器高压线缆正极与屏蔽层之间的绝缘电阻</td><td></td><td></td><td></td><td></td><td>正常 □　不正常 □</td></tr>
<tr><td>DC/DC变换器高压线缆负极与屏蔽层之间的绝缘电阻</td><td></td><td></td><td></td><td></td><td>正常 □　不正常 □</td></tr>
<tr><td rowspan="4">4</td><td rowspan="4">空调压缩机及高压连接线缆</td><td>空调压缩机高压输入正极与外壳之间的绝缘电阻</td><td></td><td></td><td></td><td></td><td>正常 □　不正常 □</td></tr>
<tr><td>空调压缩机高压输入负极与外壳之间的绝缘电阻</td><td></td><td></td><td></td><td></td><td>正常 □　不正常 □</td></tr>
<tr><td>空调压缩机高压线缆正极与屏蔽层之间的绝缘电阻</td><td></td><td></td><td></td><td></td><td>正常 □　不正常 □</td></tr>
<tr><td>空调压缩机高压线缆负极与屏蔽层之间的绝缘电阻</td><td></td><td></td><td></td><td></td><td>正常 □　不正常 □</td></tr>
<tr><td rowspan="4">5</td><td rowspan="4">PTC加热器及高压连接线缆</td><td>PTC加热器正极与车身之间的绝缘电阻</td><td></td><td></td><td></td><td></td><td>正常 □　不正常 □</td></tr>
<tr><td>PTC加热器负极（A−）与车身之间的绝缘电阻</td><td></td><td></td><td></td><td></td><td>正常 □　不正常 □</td></tr>
<tr><td>PTC加热器负极（B−）与车身之间的绝缘电阻</td><td></td><td></td><td></td><td></td><td>正常 □　不正常 □</td></tr>
<tr><td>PTC加热器高压线缆正极与屏蔽层之间的绝缘电阻</td><td></td><td></td><td></td><td></td><td>正常 □　不正常 □</td></tr>
</table>

续表

序号	检查项目		检查点		检查值	标准值	检查结果
			红	黑			
5	PTC加热器及高压连接线缆	PTC加热器高压线缆负极（A−）与屏蔽层之间的绝缘电阻					正常 □ 不正常 □
		PTC加热器高压线缆负极（B−）与屏蔽层之间的绝缘电阻					正常 □ 不正常 □
6	电机控制器及高压连接线缆	电机控制器高压输入正极与外壳之间的绝缘电阻					正常 □ 不正常 □
		电机控制器高压输入负极与外壳之间的绝缘电阻					正常 □ 不正常 □
		电机控制器交流输出U极与外壳之间的绝缘电阻					正常 □ 不正常 □
		电机控制器交流输出V极与外壳之间的绝缘电阻					正常 □ 不正常 □
		电机控制器交流输出W极与外壳之间的绝缘电阻					正常 □ 不正常 □
		电机控制器高压线缆正极与屏蔽层之间的绝缘电阻					正常 □ 不正常 □
		电机控制器高压线缆负极与屏蔽层之间的绝缘电阻					正常 □ 不正常 □
7	驱动电机	驱动电机交流输入U极与外壳之间的绝缘电阻					正常 □ 不正常 □
		驱动电机交流输入V极与外壳之间的绝缘电阻					正常 □ 不正常 □
		驱动电机交流输入W极与外壳之间的绝缘电阻					正常 □ 不正常 □
8	高压控制盒及快充连接线缆	高压控制盒高压输入正极与外壳之间的绝缘电阻					正常 □ 不正常 □
		高压控制盒高压输入负极与外壳之间的绝缘电阻					正常 □ 不正常 □
		高压控制盒快充输入正极与外壳之间的绝缘电阻					正常 □ 不正常 □
		高压控制盒快充输入负极与外壳之间的绝缘电阻					正常 □ 不正常 □

注意：表格中的“红”代表绝缘表的红表笔，“黑”代表绝缘表的黑表笔。

五、检查

根据表 4–3–4 中的检查项目进行检查，并将检查结果和结果点评填入表 4–3–4 中。

表 4–3–4　检查

检查项目	检查结果	结果点评
绝缘电阻检查		
是否进行高压断电	是 □　否 □	
对电机控制器绝缘电阻的检查结果是否正确	是 □　否 □	
进行绝缘检测时是否正确穿戴人身安全防护用品	是 □　否 □	
整理及恢复		
是否对车辆进行通电复位	是 □　否 □	
工具、设备是否整理恢复	是 □　否 □	
实训工位是否打扫干净	是 □　否 □	
工作页是否填写完整	是 □　否 □	

六、任务小结

本任务小结如图 4–3–10 所示。

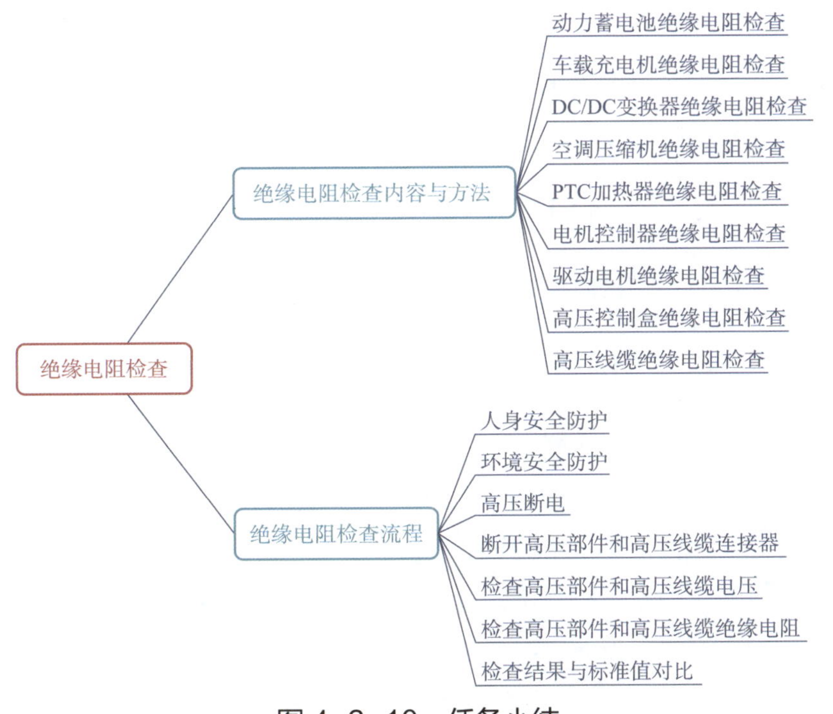

图 4–3–10　任务小结

车辆自诊断

一、任务导入

智能网联汽车自诊断是车辆运行与维护中不可缺少的一项检测，它能判断电子控制系统的工作是否正常，同时能提示电子控制系统将要发生的故障，保障车辆的整体性能。本任务将学习如何对车辆进行自诊断。

二、任务目标

- 能使用诊断仪读取车辆故障码。

三、知识学习

1. 车辆自诊断

在车辆控制系统中，电子控制单元都有自诊断系统（OBD）。自诊断系统以传感器、执行器和控制单元三者为监测对象，对控制系统各部分的工作情况进行监测。当电子控制单元检测到来自传感器或输送给执行元件的故障信号时，立即点亮仪表板上的警告灯，以提示驾驶员车辆有故障。同时，系统将故障信息以故障码的形式储存在存储器中，以便帮助维修人员确定故障类型和范围。

2. 诊断仪

汽车故障电脑诊断仪（简称诊断仪）是车辆故障自检终端，是用于检测汽车故障的便携式仪器。利用诊断仪可以迅速读取汽车电子控制系统中的故障，并通过液晶显示屏显示的故障信息，迅速查明发生故障的部位及原因。

（1）分类

诊断仪可分为专用型和通用型两大类。专用型诊断仪是汽车制造厂家为检测、诊断本厂生产的汽车而专门设计制造的仪器。一些大型汽车厂家，如奔驰、宝马、奥迪、大众、比亚迪、长城、长安、吉利等都有专用型诊断仪，图 4–4–1a 所示为奥迪汽车专用诊断仪。通用型诊断仪是检测设备厂家为适应多种车型而设计制造的仪器。通用型诊断仪存储有几十种甚至几百种不同厂家、不同车型汽车电子控制系统的检测程序、检测数据和故障码等资料，并配备有各种车型的检测接头，可以检测、诊断多种车型的故障，适合综合型维修企业使用，图 4–4–1b 所示为通用型诊断仪。

a）

b）

图 4–4–1　诊断仪

a）奥迪汽车专用诊断仪　b）通用型诊断仪

（2）功能

诊断仪主要有以下功能：

1）读取故障码。

2）清除故障码。

3）读取传感器数据流。

4）读取执行器和开关状态。

5）元件动作测试。

6）显示波形。

7）匹配、设定和编码。

8）控制单元在线升级。

9）故障引导。

（3）连接方式

诊断仪与车辆的连接主要有蓝牙连接和以太网线连接两种方式。蓝牙连接主要使用蓝牙接头，如图 4–4–2a 所示；以太网线连接主要使用以太网线，如图 4–4–2b 所示。诊断仪通过诊断座与车辆建立连接。

a）　　　　b）

图 4–4–2　诊断仪的连接方式

a）蓝牙接头　b）以太网线

3. 汽车诊断座

汽车诊断座是车载自动诊断系统的一个电插座，是连接诊断仪的通道。汽车诊断座共有 16 个端子，为母头接口，接口为梯形。部分车型的诊断座上有护盖，常见的诊断座有黑色、白色、粉色和蓝色。汽车诊断座如图 4–4–3 所示。

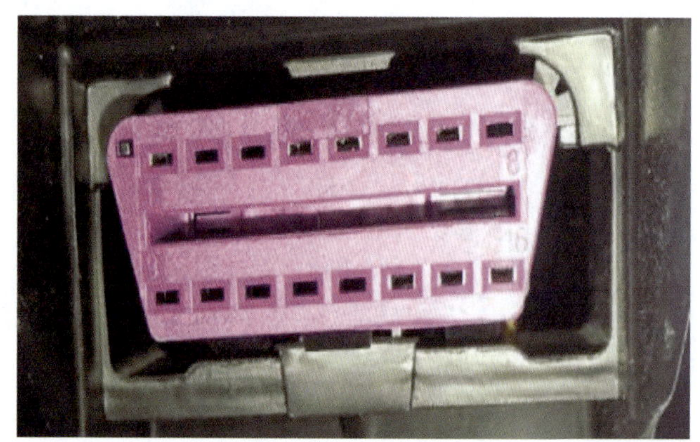

图 4–4–3　汽车诊断座

汽车诊断座一般安装在仪表台左侧下方的位置，如图 4–4–4 所示，部分车型的诊断座安装在中央扶手处。

图 4-4-4　纯电动汽车诊断座的安装位置

4. 诊断仪的使用步骤

（1）连接诊断仪主机与测试连接线。

（2）根据检测车型选择合适的测试卡及诊断接口。

（3）连接诊断接口与车辆诊断座，打开车辆起动开关。

（4）打开诊断仪电源开关，根据车辆型号及需要测试的项目选择相应的诊断功能。

（5）对检测到的故障码进行记录。

（6）诊断结束后，先关闭起动开关，然后关闭诊断仪。

（7）断开诊断仪的诊断接口，拆下测试连接线，放入诊断仪包装盒内。

5. 诊断仪的使用注意事项

（1）测试前应选择与车型对应的诊断接口及测试卡。

（2）诊断仪的工作电源应为 12 V，车辆蓄电池电压应正常。

（3）应连接好诊断仪后再打开车辆起动开关，断开诊断仪诊断接口前需关闭起动开关。

（4）诊断仪的测试连接线、诊断接口以及测试卡需连接牢固，确保数据正常传输。

（5）诊断仪属于精密仪器，严禁磕碰，存放环境应干燥、整洁。

6. 汽车故障码

汽车故障码是汽车出现故障后，经汽车电子控制单元分析反映出的故障信息，汽车故障码如图 4-4-5 所示。汽车故障码可以通过专用的诊断仪进行读取和清除。

汽车故障码分为真实性故障码、假故障码、历史性故障码、相关性故障码和间歇性故障码。真实性故障码是车辆发生故障后出现的故障码，此类故障码是维修技术人员判断车辆故障的依据，只有在维修技术人员排除车辆故障后，才能清除此类故障码。假故障码、历史性故障码、相关性故障码和间歇性故障码是否可以清除取决于车辆的状态，如果车辆没有出现故障，则可以清除此类故障码；如果车辆出现故障，应根据故障现象和汽车故障码排除车辆故障后再将其清除。

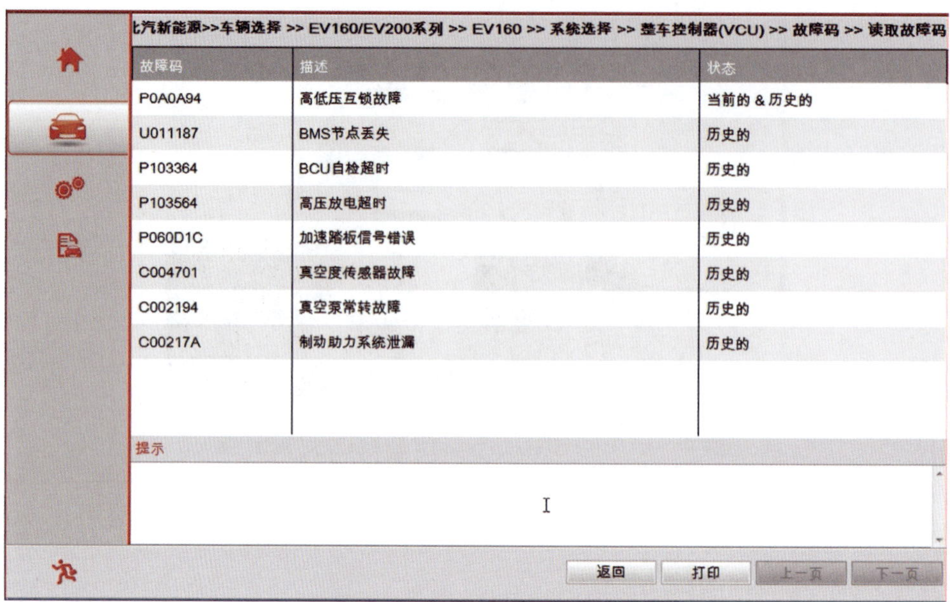

图 4-4-5　汽车故障码

四、任务实施

1. 任务分配

根据实际情况分配任务，并记录在表 4-4-1 中。

表 4-4-1　任务分配

职务	姓名	工作内容
组长		监督、管理组员工作
组员		

2. 物料准备

准备任务实施所需的物料，见表 4-4-2。

表 4-4-2　物料准备

所需物料
防护用品：车内防护用品等
设备、工具：实训车辆、智能钥匙、车辆维修手册、诊断仪等

3. 读取车辆故障码

使用诊断仪读取车辆故障码，并将故障码记录在表 4–4–3 中。

表 4–4–3 车辆故障码记录表

序号	故障码	故障描述	序号	故障码	故障描述
1			6		
2			7		
3			8		
4			9		
5			10		

五、检查

根据表 4–4–4 中的检查项目进行检查，并将检查结果和结果点评填入表 4–4–4 中。

表 4–4–4 检查

检查项目	检查结果	结果点评
读取车辆故障码		
是否正确读取故障码并记录	是 □ 否 □	
是否清除故障码	是 □ 否 □	
整理及恢复		
工具、设备是否整理恢复	是 □ 否 □	
实训工位是否打扫干净	是 □ 否 □	
工作页是否填写完整	是 □ 否 □	

六、任务小结

本任务小结如图 4–4–6 所示。

车辆自诊断
诊断仪
分类
功能
连接方式
汽车诊断座
诊断仪的使用步骤
连接诊断仪主机与测试连接线
选择合适的测试卡及诊断接口
连接诊断接口与车辆诊断座，打开车辆起动开关
打开诊断仪电源开关，选择相应的诊断功能
记录故障码
关闭起动开关，然后关闭诊断仪
断开诊断接口，拆下测试连接线，放入诊断仪包装盒内
诊断仪的使用注意事项
汽车故障码

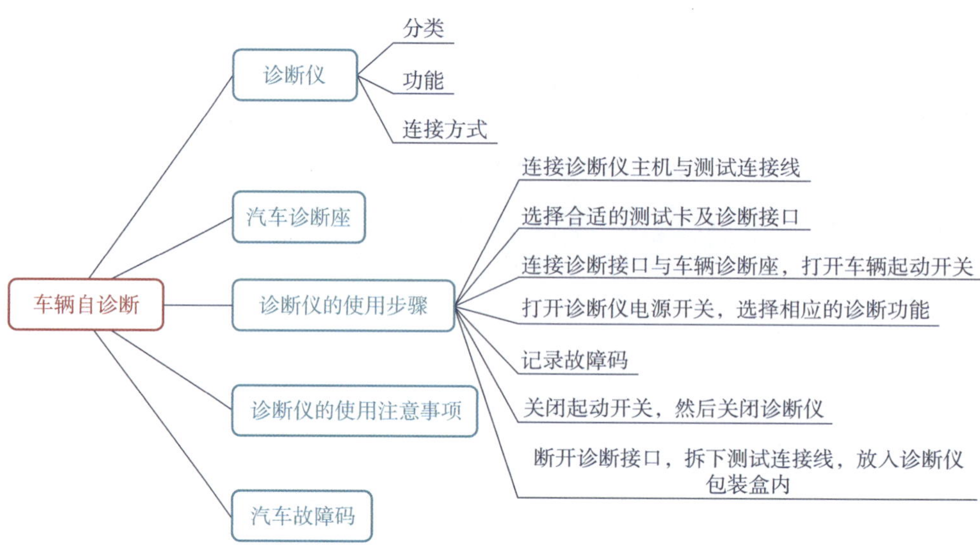

图 4-4-6　任务小结

情境五 智能网联汽车先进驾驶辅助系统运行与检查

一、情境导入

场景：某智能网联汽车 4S 店

人物：小张（学徒）、王师傅（智能网联汽车维修技师）、李先生（车主）

情境：车主李先生在汽车行驶 20 000 km 后到 4S 店做维护，维修技师王师傅在做完车辆各项检查与维护后带学徒小张去做道路测试，验证先进驾驶辅助系统（advanced driving assistance systems，ADAS）的功能。小张不解地问什么是 ADAS，王师傅讲解道："ADAS 是智能网联汽车的重要组成部分，是利用安装在车辆上的传感、通信、决策及执行等装置，实时监测驾驶员、车辆及行驶环境，并通过信息、运动控制等方式辅助驾驶员执行驾驶任务或主动避免、减轻碰撞危害的各类系统的总称。在智能网联汽车维护时需要依次对 ADAS 各项功能的运行状况进行检查。

二、情境目标

- 能对自适应巡航控制（ACC）系统进行运行与检查。
- 能对自动紧急制动（AEB）系统进行运行与检查。
- 能对车道保持辅助（LKA）系统进行运行与检查。
- 能对智能泊车辅助（IPA）系统进行运行与检查。
- 能对驾驶员疲劳监测（DFM）系统进行运行与检查。

自适应巡航控制（ACC）系统运行与检查

一、任务导入

自适应巡航控制是 ADAS 控制辅助类功能之一，能够为驾驶员提供驾驶辅助，本任务将对自适应巡航控制系统的运行状况进行检查。

二、任务目标

- 能按照正确的方法完成自适应巡航控制系统的运行。
- 能按照正确的方法对自适应巡航控制系统的各项功能进行检查。

三、知识学习

1. ACC 系统的作用

自适应巡航控制（adaptive cruise control，ACC）系统的作用是通过对车辆纵向运动的自动控制，减小驾驶员的劳动量，保障行车安全，并为驾驶员提供辅助支持。

常规巡航控制系统能够让驾驶员不踩加速踏板，就可以按照设定速度（驾驶员设定的期望行驶速度）自动调整车辆的行驶速度。ACC 系统是常规巡航控制系统的提升和扩展，可以通过雷达传感器实时监测车辆前方的行驶环境，主要为识别前车（与本车同向、同路，并在本车前方行驶的车辆），并控制车辆的动力系统和制动系统以实现减速至停止及从停止状态自动起步的目的，避免追尾事故的发生。ACC 系统功能如图 5-1-1 所示。

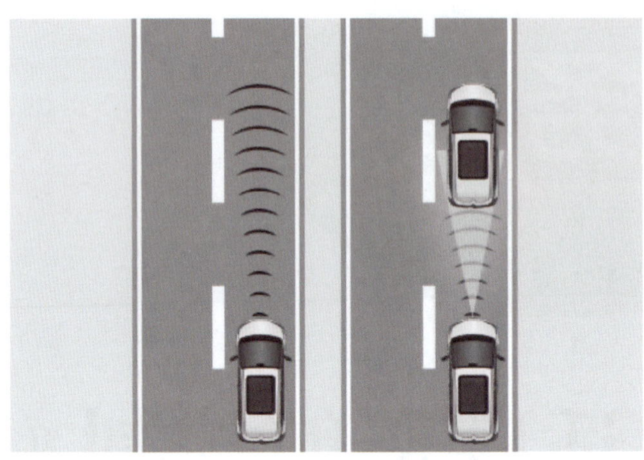

图 5-1-1　ACC 系统功能

2. ACC 系统操纵件和信号装置

ACC 系统操纵件和信号装置的标志、标志含义及显示颜色见表 5-1-1。

表 5-1-1　ACC 系统操纵件和信号装置的标志、标志含义及显示颜色

装置	标志	标志含义	标志显示颜色
操纵件	或	“ACC 启动 / 关闭”键	—
	或	“ACC 取消”键	—
	或	“ACC 车间时距调整”键	—
	RES+	“ACC 恢复 / 加速”键	—
	SET−	“ACC 设定 / 减速”键	—
信号装置		ACC 等待状态（无前车）	白色
		ACC 等待状态（有前车）	白色

续表

装置	标志	标志含义	标志显示颜色
信号装置		ACC 工作状态（无前车）	绿色
		ACC 工作状态（有前车）	绿色
	或	ACC 故障	黄色或红色

ACC 系统操纵件一般位于转向盘上，如图 5-1-2 所示。

图 5-1-2　ACC 系统操纵件

ACC 系统信息显示如图 5-1-3 所示。

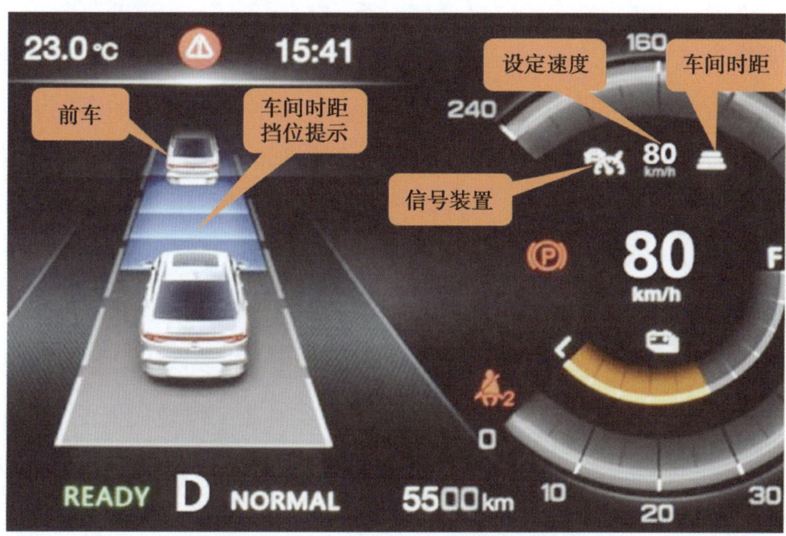

图 5-1-3　ACC 系统信息显示

3. ACC 系统状态

ACC 系统状态可以分为 ACC 关闭状态、ACC 等待状态和 ACC 工作状态三种。

当 ACC 系统处于关闭状态时，直接的操作动作均不能触发 ACC 系统，只能通过“ACC 启动 / 关闭”键触发。当车辆起动时，ACC 系统自检，若系统存在故障则仪表的 ACC 故障信号装置常亮。当 ACC 系统处于等待状态时，系统没有参与车辆的纵向控制，但可随时被驾驶员触发而进入工作状态。当 ACC 系统处于工作状态时，ACC 系统控制本车的速度和车间时距（本车驶过连续车辆的车间距所需的时间）。

4. ACC 系统运行方法

起动车辆，将挡位置于“D”挡，短按“ACC 启动 / 关闭”键使 ACC 系统进入等待状态，之后短按“SET–”键进入工作状态，仪表显示当前设定速度及车间时距，驾驶员可以松开加速踏板，车辆将以设定的速度和车间时距行驶。

注意：车辆静止时，短按“ACC 启动 / 关闭”键，车速可能会突然提高至设定速度，建议先提高车速至 ACC 设定速度区间（如 30 ~ 120 km/h）再触发 ACC 系统，以防发生危险。

5. ACC 系统功能检查内容

（1）调整设定速度

检查 ACC 系统处于工作状态时能否通过“RES+”或“SET–”键使设定速度提高或降低，包括短按时的固定值调整及长按时的持续值调整，并且检查车速是否随设定速度的变化而变化。若无法调整设定速度或车速无法随设定速度变化，应立即短按“ACC 启动 / 关闭”键或“ACC 取消”键退出 ACC 系统。

（2）调整车间时距

车间时距的调整方式一般为转向盘按键调整、中控功能设置或语音控制等。应检查 ACC 系统处于工作状态时能否调整车间时距，并且检查与前车的车间距是否随车间时距的变化而变化，以及仪表车间时距的显示、变化是否正常。若无法调整车间时距或车间距无法随设定的车间时距变化，应立即短按“ACC 启动 / 关闭”键或“ACC 取消”键退出 ACC 系统。

检查车间时距是否在 1.5 ~ 2.2 s 区间内、ACC 系统初次进入工作状态时车间时距是否为默认的最大值，若车间时距非默认的最大值，应对 ACC 系统进行检测与维修。

（3）退出 ACC 工作状态

检查踩下制动踏板能否退出 ACC 工作状态并且进行制动，仪表板上的 ACC 系统工作状态信号装置是否熄灭，并且检查短按“RES+”键能否恢复到 ACC 工作状态和 ACC 设定速度。若踩下制动踏板后未能退出 ACC 工作状态，应立即短按“ACC 启动 / 关闭”键或“ACC 取消”键退出 ACC 系统，并进行检测与维修。

检查踩下加速踏板能否退出 ACC 工作状态并加速行驶，仪表板上的 ACC 系统工作状态信号装置是否熄灭，并且检查松开加速踏板后能否恢复到 ACC 工作状态和 ACC 设定速度。若踩下加速踏板后未能退出 ACC 工作状态，应立即短按“ACC 启动 / 关闭”键或“ACC 取消”键退出 ACC 系统，并进行检测与维修。

检查短按“ACC 取消”键能否退出 ACC 工作状态，仪表板上的 ACC 系统工作状态信号装置是否熄灭，并且检查短按“RES+”键能否恢复到 ACC 工作状态和 ACC 设定速度。若短按“ACC 取消”键未能退出 ACC 工作状态，应立即短按“ACC 启动 / 关闭”键或踩下加速踏板退出 ACC 系统，并进行检测与维修。

注意：ACC 系统只是为驾驶员提供驾驶辅助的舒适性系统，驾驶员必须一直保持对车辆的控制并且对车辆负有全部责任。

四、任务实施

1. 任务分配

根据实际情况分配任务，并记录在表 5–1–2 中。

表 5–1–2　任务分配

职务	姓名	工作内容
组长		监督、管理组员工作
组员		

2. 物料准备

准备任务实施所需的物料，见表 5–1–3。

表 5–1–3　物料准备

所需物料
防护用品：车内防护用品等
设备、工具：实训车辆、智能钥匙、车辆用户手册等

3. ACC 系统功能检查

参考车辆用户手册，根据 ACC 系统功能检查内容对 ACC 系统进行检查，并将相关内容记录在表 5-1-4 中。

表 5-1-4　ACC 系统功能检查记录

序号	检查项目	检查内容		检查结果	处理意见
1	巡航功能	等待状态	“ACC 启动 / 关闭”键是否正常	是 □ 否 □	
			ACC 系统是否进入等待状态	是 □ 否 □	
			仪表 ACC 系统等待状态信号装置是否点亮	是 □ 否 □	
		工作状态	“SET−”键是否正常	是 □ 否 □	
			ACC 系统是否进入工作状态	是 □ 否 □	
			仪表 ACC 工作状态信号装置是否点亮	是 □ 否 □	
2	设定速度调整功能	短按“RES+”键时固定值调整是否正常		是 □ 否 □	
		长按“RES+”键时持续值调整是否正常		是 □ 否 □	
		短按“SET−”键时固定值调整是否正常		是 □ 否 □	
		长按“SET−”键时持续值调整是否正常		是 □ 否 □	
		车速是否随设定速度变化		是 □ 否 □	
		仪表显示是否正常		是 □ 否 □	
3	车间时距调整功能	方式	按键	正常 □ 不正常 □	
			中控功能设置	正常 □ 不正常 □	
			语音控制	正常 □ 不正常 □	
		车间距是否随车间时距变化		是 □ 否 □	
		仪表显示是否正常		是 □ 否 □	
		车间时距区间是否符合要求		是 □ 否 □	
		车间时距默认值是否符合要求		是 □ 否 □	
4	ACC 工作状态退出功能	通过制动踏板退出	退出是否正常	是 □ 否 □	
			仪表 ACC 信号装置状态是否正常	是 □ 否 □	
			是否能恢复 ACC 工作状态	是 □ 否 □	
			是否能恢复 ACC 设定速度	是 □ 否 □	
		通过加速踏板退出	退出是否正常	是 □ 否 □	
			仪表 ACC 信号装置状态是否正常	是 □ 否 □	
			是否能恢复 ACC 工作状态	是 □ 否 □	
			是否能恢复 ACC 设定速度	是 □ 否 □	
		通过“ACC 取消”键退出	退出是否正常	是 □ 否 □	
			仪表 ACC 信号装置状态是否正常	是 □ 否 □	
			是否能恢复 ACC 工作状态	是 □ 否 □	
			是否能恢复 ACC 设定速度	是 □ 否 □	

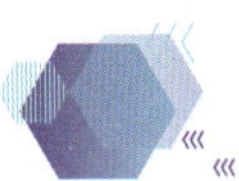

五、检查

根据表 5-1-5 中的检查项目进行检查，并将检查结果和结果点评记录在表 5-1-5 中。

表 5-1-5　检查

检查项目	检查结果	结果点评
ACC 系统运行与检查		
是否能对设定速度进行调整	是 □　否 □	
是否能对车间时距进行调整	是 □　否 □	
是否能用多种方式退出 ACC 工作状态	是 □　否 □	
整理及恢复		
工具、设备是否整理恢复	是 □　否 □	
实训工位是否打扫干净	是 □　否 □	
工作页是否填写完整	是 □　否 □	

六、任务小结

本任务小结如图 5-1-4 所示。

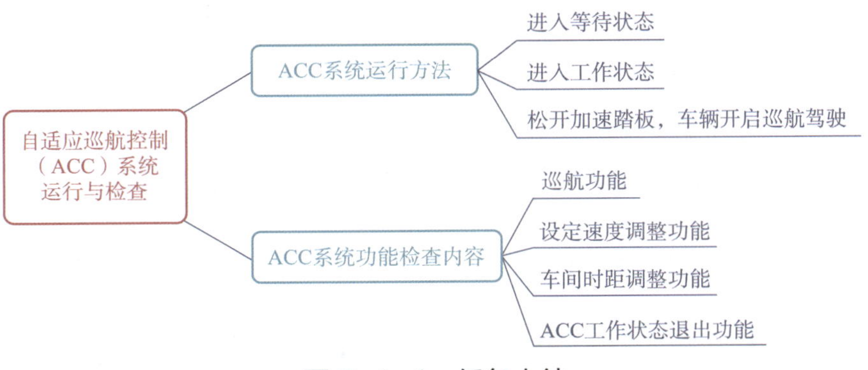

图 5-1-4　任务小结

自动紧急制动（AEB）系统运行与检查

一、任务导入

自动紧急制动是 ADAS 控制辅助类功能之一，是一项能够减小车辆碰撞可能性的主动安全技术，本任务将对自动紧急制动系统的运行状况进行检查。

二、任务目标

- 能按照正确的方法完成自动紧急制动系统的运行。
- 能按照正确的方法对自动紧急制动系统的各项功能进行检查。

三、知识学习

1. AEB 系统的作用

自动紧急制动（advanced emergency braking，AEB）系统是通过安装在车辆前部的雷达传感器实时监测车辆前方行驶环境（与前车、行人或障碍物等目标的相对距离和速度），并在可能发生碰撞危险时自动启动车辆制动系统使车辆减速，同时发出碰撞预警信号，以避免碰撞或减轻碰撞后果的系统。AEB 系统功能如图 5-2-1 所示。

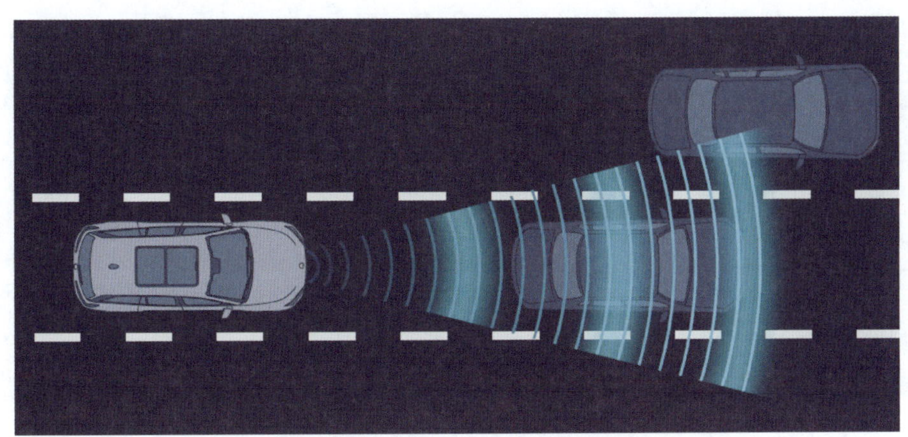

图 5-2-1　AEB 系统功能

2. AEB 系统运行方法

（1）AEB 系统运行条件

1）试验路面应平坦、干燥，具有良好的附着性能，道路应有足够的长度以满足车辆加速及试验需要。

2）应在风力不致影响试验结果的情况下进行。

3）试验过程中应确保水平可视范围内能够观察到静止目标。

4）车辆应在制造商规定的载荷状态下进行试验，试验开始后不应对车辆载荷进行任何调整。

5）车辆轮胎应磨合至正常状态，轮胎气压应为标准冷态充气压力。

6）车辆制动器应磨合至正常状态，且防抱死制动系统能正常工作。

（2）AEB 系统制动功能运行方法

1）将试验车辆与静止目标处于同一中心线上（偏差不超过 0.5 m），以距离静止目标 60 m 处作为测试起点。

2）起动车辆，AEB 系统自动启动。

3）将车辆加速至（30 ± 2）km/h，之后以恒定车速经测试起点沿直线向静止目标行驶（除为防止车辆方向偏移对转向进行轻微调整外，从测试起点开始直至车辆制动停止，驾驶员不应对车辆进行任何调整）。

4）当车辆检测到静止目标后发出碰撞预警信号并减速（预警阶段），之后进行紧急制动以避免与静止目标发生碰撞（紧急制动阶段）。

5）重复运行 AEB 系统 5 次，应至少有 3 次满足功能要求。AEB 系统制动功能运行示意如图 5-2-2 所示。

（3）AEB 系统功能中断方法

在预警阶段和紧急制动阶段，驾驶员打开转向灯或踩下加速踏板，以及车辆制造商规定的其他动作能够中断 AEB 系统功能。

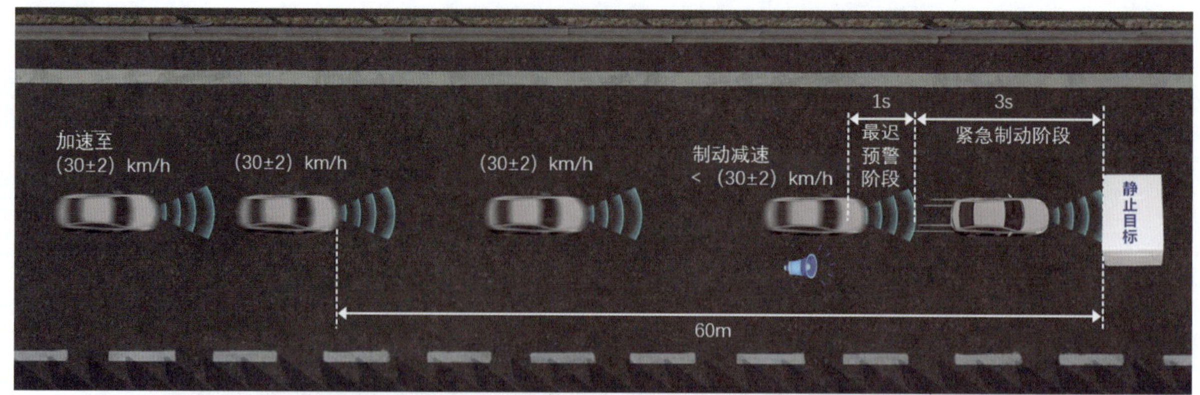

图 5-2-2 AEB 系统制动功能运行示意图

注意：静止目标以泡沫板箱、纸箱等轻质物体为宜，防止 AEB 系统失效发生碰撞而损坏车辆。

3. AEB 系统功能检查内容

（1）功能开启及关闭

检查起动开关置于“ON”挡时，AEB 系统的每个光学警告信号是否都点亮，进行 AEB 系统自检。若 AEB 系统警告信号未点亮，可以尝试重新打开起动开关。

对于安装 AEB 系统手动开关的车辆，应检查能否通过手动开关关闭 AEB 系统，在 AEB 系统关闭时是否发出功能关闭警告信号，功能关闭警告信号是否采用常亮的黄色文字或图形。检查 AEB 系统关闭后能否通过手动开关再次开启 AEB 系统或 AEB 系统能否在车辆再次起动时自动恢复。若无法关闭 AEB 系统、关闭时未发出功能关闭警告信号或 AEB 系统关闭后无法自动恢复，可以尝试重新打开起动开关，若仍然无法恢复正常，应对 AEB 系统进行检测与维修。AEB 系统手动开关如图 5-2-3 所示，一般位于中控功能设置或仪表功能设置中，具体操作流程可参照车辆用户手册。

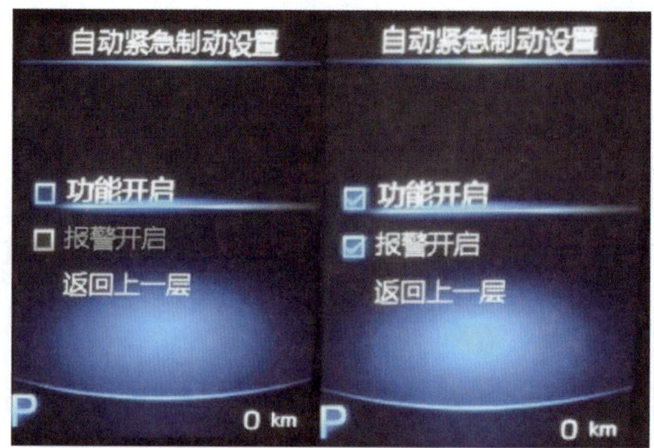

图 5-2-3 AEB 系统手动开关

（2）预警信号

检查当 AEB 系统检测到可能发生碰撞时，是否发出碰撞预警信号，碰撞预警信号是否采用声学、触觉及光学信号中的至少两种。若未发出碰撞预警信号，应对 AEB 系统或预警单元进行检测与维修。碰撞预警信号如图 5-2-4 所示。

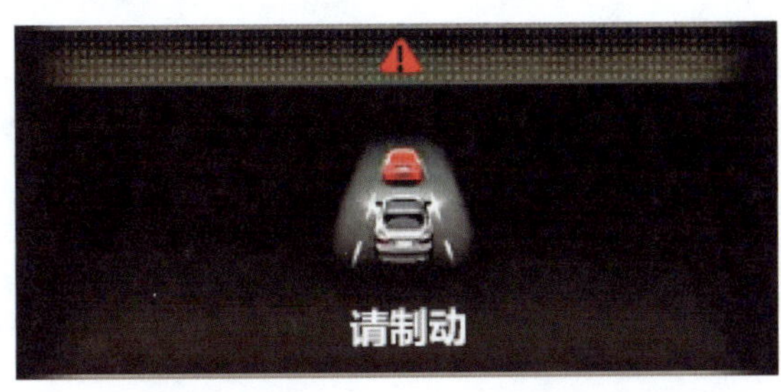

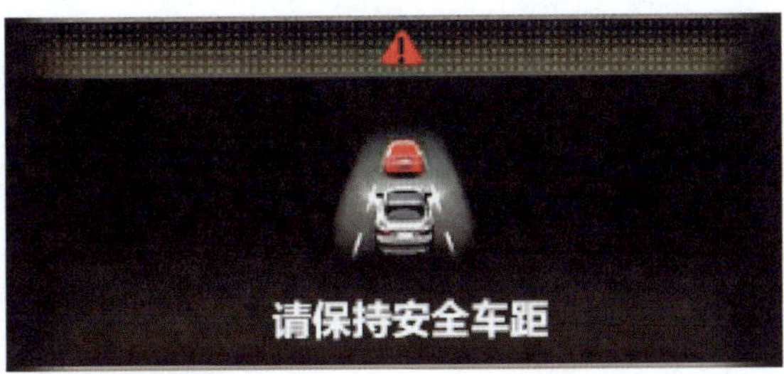

图 5-2-4　碰撞预警信号

（3）制动功能

检查车辆预警阶段和紧急制动阶段的制动功能：车辆在预警阶段是否发出碰撞预警信号并减速，之后是否进行紧急制动，且与静止目标不发生碰撞。

（4）功能中断

分别在预警阶段和紧急制动阶段，检查 AEB 系统的响应能否被驾驶员踩下加速踏板、打开转向灯以及车辆制造商规定的其他方式等主动动作中断。若驾驶员动作无法中断 AEB 功能，应先关闭 AEB 系统，然后对 AEB 系统进行检测与维修。

注意：

1）当车辆被牵引、车轮处于滚筒上（如车辆年检时）或仪表显示雷达传感器故障提示时，需要关闭 AEB 系统。

2）AEB 系统开启时，驾驶员在行驶过程中必须一直保持对车辆的控制并且对车辆负有全部责任。

四、任务实施

1. 任务分配

根据实际情况分配任务，并记录在表 5-2-1 中。

表 5-2-1　任务分配

<table>
<tr><th>职务</th><th>姓名</th><th>工作内容</th></tr>
<tr><td>组长</td><td></td><td>监督、管理组员工作</td></tr>
<tr><td rowspan="5">组员</td><td></td><td></td></tr>
<tr><td></td><td></td></tr>
<tr><td></td><td></td></tr>
<tr><td></td><td></td></tr>
<tr><td></td><td></td></tr>
</table>

2. 物料准备

准备任务实施所需的物料，见表 5-2-2。

表 5-2-2　物料准备

所需物料
防护用品：车内防护用品等
设备、工具：实训车辆、智能钥匙、车辆用户手册、泡沫板箱（纸箱）等

3. AEB 系统功能检查

参考车辆用户手册，根据 AEB 系统功能检查内容对 AEB 系统进行检查，并将相关内容记录在表 5-2-3 中。

表 5-2-3　AEB 系统功能检查记录

<table>
<tr><th>序号</th><th>检查项目</th><th colspan="5">检查内容</th><th>检查结果</th><th>处理意见</th></tr>
<tr><td rowspan="7">1</td><td rowspan="7">功能开启及关闭</td><td colspan="5">起动开关置于 ON 挡时 AEB 系统是否进行自检</td><td>是 □　否 □</td><td></td></tr>
<tr><td rowspan="6">是否安装 AEB 系统手动开关</td><td rowspan="5">是 □</td><td colspan="3">是否能手动关闭 AEB 系统</td><td>是 □　否 □</td><td></td></tr>
<tr><td colspan="3">手动关闭 AEB 系统时是否发出功能关闭警告信号</td><td>是 □　否 □</td><td></td></tr>
<tr><td>关闭警告信号形式</td><td>文字 □
图形 □</td><td>是否常亮</td><td>是 □　否 □</td><td></td></tr>
<tr><td colspan="3">是否能通过手动开关再次开启 AEB 系统</td><td>是 □　否 □</td><td></td></tr>
<tr><td colspan="3">AEB 系统是否在车辆再次起动时自动恢复</td><td>是 □　否 □</td><td></td></tr>
<tr><td colspan="5">否 □</td><td></td></tr>
</table>

续表

<table>
<tr><th>序号</th><th>检查项目</th><th colspan="3">检查内容</th><th>检查结果</th><th>处理意见</th></tr>
<tr><td rowspan="4">2</td><td rowspan="4">预警信号</td><td colspan="3">当 AEB 系统检测到可能发生碰撞时，是否发出碰撞预警信号</td><td>是 □　否 □</td><td></td></tr>
<tr><td rowspan="3">碰撞预警信号的形式</td><td>触觉 □</td><td rowspan="3">是否采用至少两种信号预警</td><td rowspan="3">是 □　否 □</td><td rowspan="3"></td></tr>
<tr><td>声学 □</td></tr>
<tr><td>光学 □</td></tr>
<tr><td rowspan="3">3</td><td rowspan="3">制动功能</td><td colspan="3">预警阶段是否发出碰撞预警信号并减速</td><td>是 □　否 □</td><td></td></tr>
<tr><td colspan="3">碰撞预警之后是否进行紧急制动</td><td>是 □　否 □</td><td></td></tr>
<tr><td colspan="3">是否与静止目标发生碰撞</td><td>是 □　否 □</td><td></td></tr>
<tr><td rowspan="6">4</td><td rowspan="6">功能中断</td><td rowspan="3">预警阶段</td><td colspan="2">踩下加速踏板是否能中断功能</td><td>是 □　否 □</td><td></td></tr>
<tr><td colspan="2">打开转向灯是否能中断功能</td><td>是 □　否 □</td><td></td></tr>
<tr><td colspan="2">其他方式是否能中断功能</td><td>是 □　否 □</td><td></td></tr>
<tr><td rowspan="3">紧急制动阶段</td><td colspan="2">踩下加速踏板是否能中断功能</td><td>是 □　否 □</td><td></td></tr>
<tr><td colspan="2">打开转向灯是否能中断功能</td><td>是 □　否 □</td><td></td></tr>
<tr><td colspan="2">其他方式是否能中断功能</td><td>是 □　否 □</td><td></td></tr>
</table>

五、检查

根据表 5-2-4 中的检查项目进行检查，并将检查结果和结果点评记录在表 5-2-4 中。

表 5-2-4　检查

<table>
<tr><th>检查项目</th><th>检查结果</th><th>结果点评</th></tr>
<tr><td colspan="3">AEB 系统运行与检查</td></tr>
<tr><td>是否能完成 AEB 系统制动功能检查</td><td>是 □　否 □</td><td></td></tr>
<tr><td>是否能完成 AEB 系统功能中断检查</td><td>是 □　否 □</td><td></td></tr>
<tr><td colspan="3">整理及恢复</td></tr>
<tr><td>工具、设备是否整理恢复</td><td>是 □　否 □</td><td></td></tr>
<tr><td>实训工位是否打扫干净</td><td>是 □　否 □</td><td></td></tr>
<tr><td>工作页是否填写完整</td><td>是 □　否 □</td><td></td></tr>
</table>

六、任务小结

本任务小结如图 5-2-5 所示。

自动紧急制动（AEB）系统运行与检查
AEB系统制动功能运行方法
车辆与静止目标处于同一中心线上
起动车辆
加速至规定速度
以恒定车速驶向静止目标
预警阶段
紧急制动阶段
AEB系统功能中断方法
在预警阶段和紧急制动阶段打开转向灯、踩下加速踏板或采取车辆制造商规定的其他方式
AEB系统功能检查内容
系统功能开启及关闭
系统预警信号
系统制动功能
系统功能中断

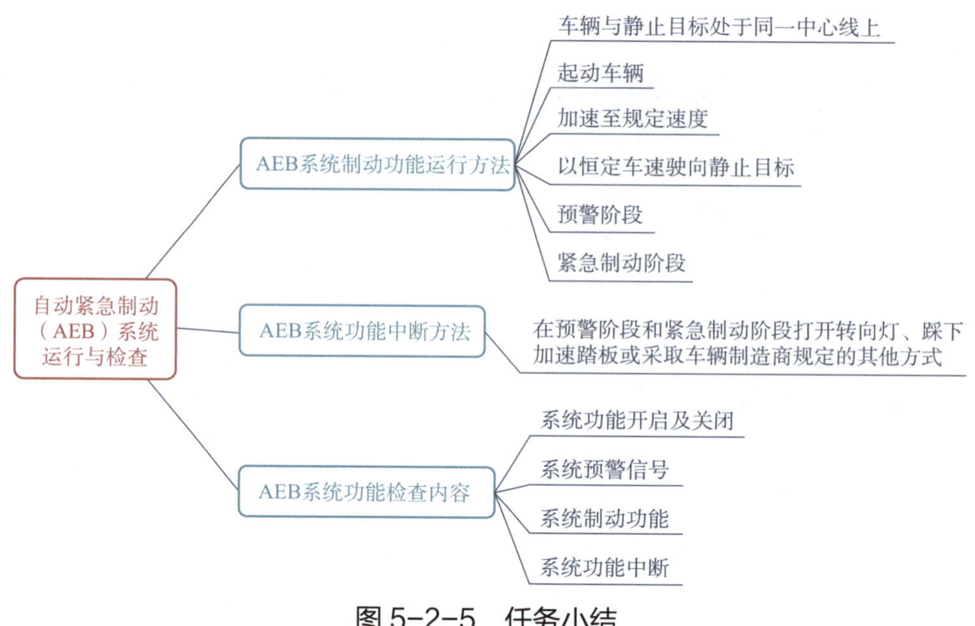

图 5-2-5　任务小结

车道保持辅助（LKA）系统运行与检查

一、任务导入

车道保持辅助是 ADAS 控制辅助类功能之一，能够在系统检测到车辆有偏移迹象时进行报警和干预，本任务将对车道保持辅助系统的运行状况进行检查。

二、任务目标

- 能按照正确的方法完成车道保持辅助系统的运行。
- 能按照正确的方法对车道保持辅助系统的各项功能进行检查。

三、知识学习

1. LKA 系统的作用

车道保持辅助（lane keeping assist，LKA）系统是在车辆行驶过程中，实时监测车辆与车道边线（用于确定车道边界的可见道路交通标线）的相对位置，持续或在必要情况下控制车辆的横向运动，使车辆保持在原车道内行驶的系统。LKA 系统功能如图 5-3-1 所示。

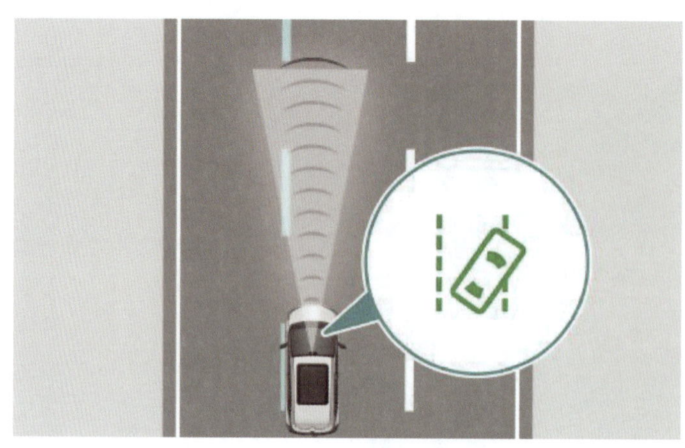

图 5-3-1　LKA 系统功能

LKA 系统应至少具备车道偏离抑制（LDP）功能或车道居中控制（LCC）功能之一。车道偏离抑制是在车辆即将发生车道偏离时控制车辆的横向运动，辅助驾驶员将车辆保持在原车道内行驶的功能；车道居中控制是持续自动控制车辆的横向运动，使车辆始终在车道中央区域行驶的功能。

2. LKA 系统操纵件和信号装置

LKA 系统操纵件和信号装置的标志、标志含义及显示颜色见表 5-3-1。

表 5-3-1　LKA 系统操纵件和信号装置的标志、标志含义及显示颜色

装置	标志	标志含义	标志显示颜色
操纵件		“LKA 启动 / 关闭”键	—
信号装置		LKA 待机状态	白色
		LKA 激活状态	绿色
	或	LKA 故障	黄色或红色

LKA 系统操纵件一般位于转向盘、仪表板、副仪表板等位置，如图 5-3-2 所示。

图 5-3-2　LKA 系统操纵件

LKA 系统信息显示如图 5-3-3 所示。

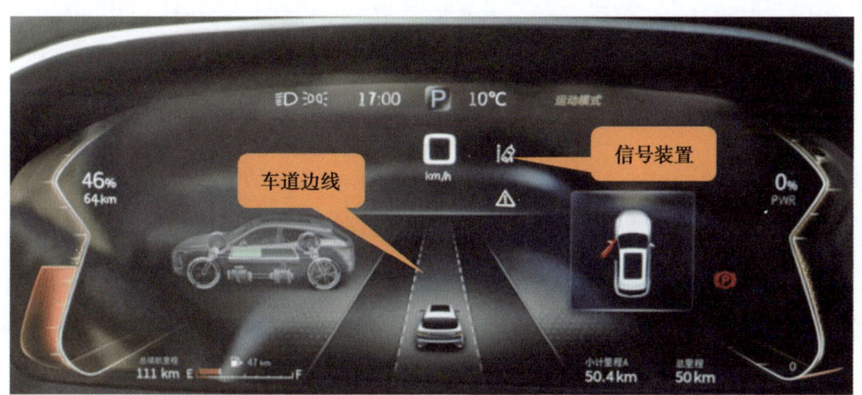

图 5-3-3　LKA 系统信息显示

3. LKA 系统状态

LKA 系统状态可以分为 LKA 关闭状态、LKA 待机状态和 LKA 激活状态三种。LKA 系统状态与转换如图 5-3-4 所示。

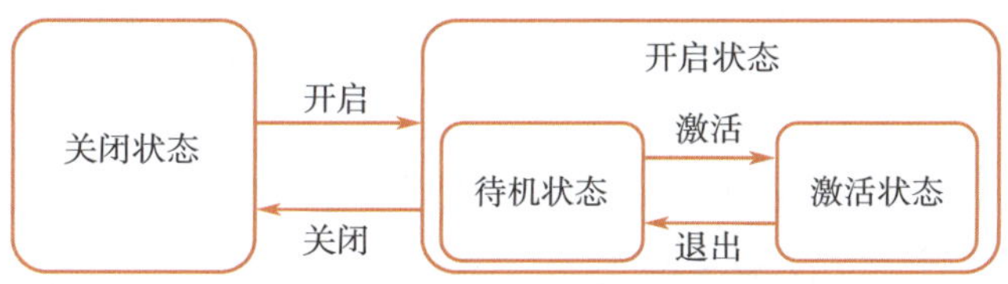

图 5-3-4　LKA 系统状态与转换

LKA 系统开启、关闭的方式分为手动和自动两种，手动方式是通过“LKA 启动 / 关闭”键来开启或关闭系统；自动方式是通过中控功能设置或仪表功能设置来开启或关闭系统，当重新打开起动开关后自动恢复之前的状态设置。LKA 系统自动启动功能设置如图 5-3-5 所示。

LKA 系统开启后进入待机状态，当 LKA 系统处于待机状态时，系统实时监测车辆运行状况和车辆与车道边线的相对位置，但不执行任何车道保持操作。当车辆运行状况满足 LKA 系统激活条件（如车辆压车道边线）时，系统自动由待机状态转换为激活状态。

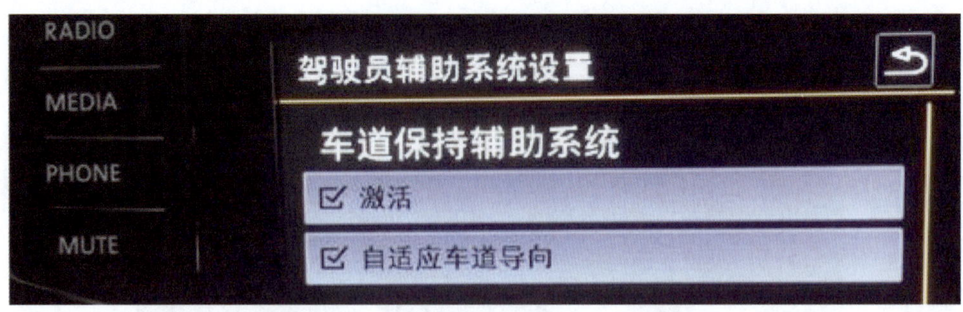

图 5-3-5　LKA 系统自动启动功能设置

当 LKA 系统处于激活状态时，系统实时监测车辆运行状况和车辆与车道边线的相对位置。当车辆发生非驾驶员意愿的车道偏离时，系统立即进行车辆横向运动控制，以辅助驾驶员将车辆保持在原车道内或车道中央区域行驶。当车辆运行状况满足系统退出条件时，系统自动由激活状态转换为待机状态。

4. LKA 系统运行方法

（1）LKA 系统运行条件

1）环境条件：能见度大于 1 km；风力不致影响试验结果；气温为 –20 ~ 45 ℃；避免车辆行驶方向与阳光直射方向平行。

2）道路条件：道路应平坦、干燥且路面摩擦正常；应有足够的长度以满足车辆加速及试验需要；车道边线的颜色应为白色或黄色，线型应为实线或虚线，不应存在破损、遮蔽等影响 LKA 系统感应的缺陷。

3）车辆条件：车辆的总质量应符合要求，试验开始后不应改变车辆的状态。

（2）LKA 系统车道偏离抑制功能运行方法

将试验车辆停放在一段直道连接一段弯道的封闭道路上。起动车辆，确保 LKA 系统已进入待机状态，车辆在车道中心区域内沿直线加速行驶，待车速达到（70 ± 2）km/h 后以恒定车速行驶，稍微调整转向盘使车辆向左或向右偏离，当车辆偏离超过车道边线外侧时，LKA 系统进行预警并抑制偏离。

当试验车辆回到车道中心区域行驶后从直道进入弯道，驾驶员不再对车辆的转向进行控制，当车辆在弯道中偏离超过车道边线外侧时，LKA 系统进行预警并抑制偏离。车道偏离抑制的过程如图 5-3-6 所示。

（3）LKA 系统车道居中控制功能运行方法

将试验车辆停放在一段直道连接一段弯道的封闭道路上。起动车辆，确保 LKA 系统已进入待机状态，车辆在车道中心区域内沿直线加速行驶，待车速达到（70 ± 2）km/h 后以恒定车速行驶，然后从直道进入弯道，LKA 系统将控制车辆偏离不超过车道边线外侧以通过弯道。当试验车辆达到并保持恒定车速后，驾驶员不能对车辆的转向进行人为干预，例如自主控制或遏制转向盘转动。车道居中控制的过程如图 5-3-7 所示。

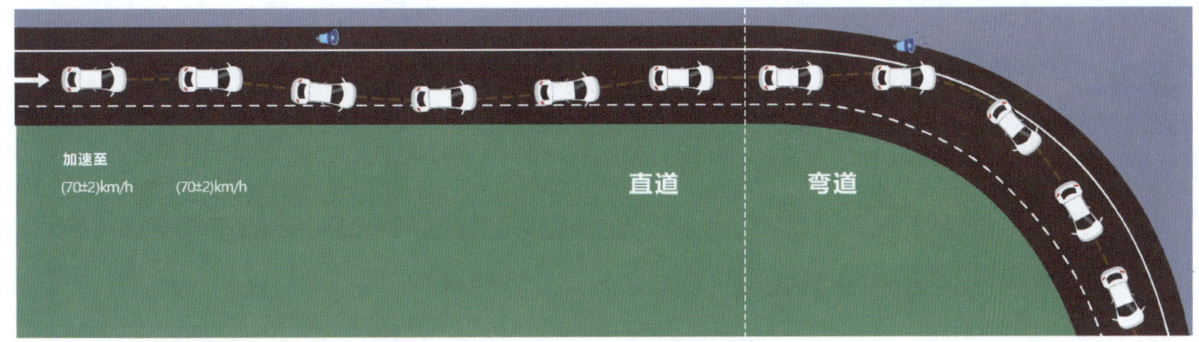

图 5-3-6　车道偏离抑制的过程

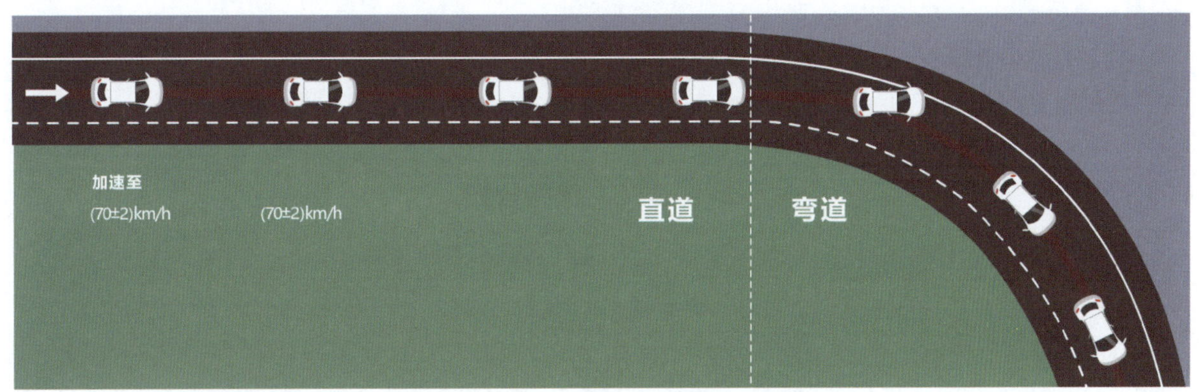

图 5-3-7　车道居中控制的过程

（4）LKA 系统功能中断方法

当 LKA 系统处于激活状态时，驾驶员开启转向灯或快速转动转向盘变道会使系统功能中断，转换为待机状态。

5. LKA 系统功能检查内容

（1）车道偏离抑制功能

检查车辆发生车道偏离时是否通过声学、触觉及光学信号进行警告，检查车辆发生偏离时超过车道边线外侧的最大距离是否小于 0.4 m，能否控制车辆返回到原车道中心区域行驶，检查 LKA 系统在 70 ~ 120 km/h 的车速范围内能否正常运行。

在车道偏离抑制功能的测试过程中，若车辆偏离超过车道边线外侧 0.4 m 后未能自动返回到原车道内行驶，驾驶员应立即接管转向盘。若车辆发生偏离后未进行警告，应对 LKA 系统或报警单元进行检测与维修。

（2）车道居中控制功能

检查车辆偏离是否超过车道边线外侧，检查车辆发生车道偏离后能否控制车辆返回到原车道中心区域行驶，检查 LKA 系统在 70 ~ 120 km/h 的车速范围内能否正常运行。

在车道居中控制功能的测试过程中，若车辆偏离超过车道边线外侧后未能自动返回到原车道中央区域行驶，驾驶员应立即接管转向盘，并对 LKA 系统进行检测与维修。

（3）功能中断

当LKA系统处于激活状态时，检查驾驶员的动作能否使系统功能中断，转换为待机状态。若驾驶员的动作无法中断LKA功能，应先关闭LKA系统，然后对LKA系统进行检测与维修。

注意：LKA系统仅为驾驶辅助系统，无法代替驾驶员的驾驶行为，驾驶员务必时刻保持对车辆的控制并负有全部责任。

四、任务实施

1. 任务分配

根据实际情况分配任务，并记录在表5-3-2中。

表5-3-2　任务分配

职务	姓名	工作内容
组长		监督、管理组员工作
组员		

2. 物料准备

准备任务实施所需的物料，见表5-3-3。

表5-3-3　物料准备

所需物料
防护用品：车内防护用品等
设备、工具：实训车辆、智能钥匙、车辆用户手册等

3. LKA系统功能检查

参考车辆用户手册，根据LKA系统功能检查内容对LKA系统进行检查，并将相关内容记录在表5-3-4中。

表 5-3-4　LKA 系统功能检查记录

<table>
<tr><th>序号</th><th>检查项目</th><th colspan="2">检查内容</th><th>检查结果</th><th>处理意见</th></tr>
<tr><td rowspan="8">1</td><td rowspan="8">车道偏离抑制功能</td><td rowspan="4">直道</td><td>车道偏离时是否进行警告</td><td>是 □　否 □</td><td></td></tr>
<tr><td>车道偏离后是否返回到原车道内</td><td>是 □　否 □</td><td></td></tr>
<tr><td>LKA 系统在 70～120 km/h 的车速范围内能否正常运行</td><td>能 □　否 □</td><td></td></tr>
<tr><td>超过车道边线外侧的距离是否小于 0.4 m</td><td>是 □　否 □</td><td></td></tr>
<tr><td rowspan="4">弯道</td><td>车道偏离时是否进行警告</td><td>是 □　否 □</td><td></td></tr>
<tr><td>车道偏离后是否返回到原车道内</td><td>是 □　否 □</td><td></td></tr>
<tr><td>LKA 系统在 70～120 km/h 的车速范围内能否正常运行</td><td>能 □　否 □</td><td></td></tr>
<tr><td>超过车道边线外侧的距离是否小于 0.4 m</td><td>是 □　否 □</td><td></td></tr>
<tr><td rowspan="3">2</td><td rowspan="3">车道居中控制功能</td><td colspan="2">是否超过车道边线外侧</td><td>是 □　否 □</td><td></td></tr>
<tr><td colspan="2">车道偏离后是否返回到原车道中央区域</td><td>是 □　否 □</td><td></td></tr>
<tr><td colspan="2">LKA 系统在 70～120 km/h 的车速范围内能否正常运行</td><td>能 □　否 □</td><td></td></tr>
<tr><td rowspan="2">3</td><td rowspan="2">功能中断</td><td colspan="2">开启转向灯是否能使系统功能中断</td><td>是 □　否 □</td><td></td></tr>
<tr><td colspan="2">快速转动转向盘变道是否能使系统功能中断</td><td>是 □　否 □</td><td></td></tr>
</table>

五、检查

根据表 5-3-5 中的检查项目进行检查，并将检查结果和结果点评记录在表 5-3-5 中。

表 5-3-5　检查

<table>
<tr><th>检查项目</th><th>检查结果</th><th>结果点评</th></tr>
<tr><td colspan="3">LKA 系统运行与检查</td></tr>
<tr><td>能否完成 LKA 系统运行</td><td>能 □　否 □</td><td></td></tr>
<tr><td>能否中断 LKA 系统功能</td><td>能 □　否 □</td><td></td></tr>
<tr><td colspan="3">整理及恢复</td></tr>
<tr><td>工具、设备是否整理恢复</td><td>是 □　否 □</td><td></td></tr>
<tr><td>实训工位是否打扫干净</td><td>是 □　否 □</td><td></td></tr>
<tr><td>工作页是否填写完整</td><td>是 □　否 □</td><td></td></tr>
</table>

六、任务小结

本任务小结如图 5-3-8 所示。

车道保持辅助（LKA）系统运行与检查
车道偏离抑制功能运行方法
LKA系统进入待机状态
加速行驶至规定速度后以恒定车速行驶
微调转向盘
预警并抑制偏离
进入弯道
预警并抑制偏离
车道居中控制功能运行方法
LKA系统进入待机状态
加速行驶至规定速度后以恒定车速行驶
进入弯道
车辆偏离控制
LKA系统功能检查内容
车道偏离抑制功能
车道居中控制功能
系统功能中断

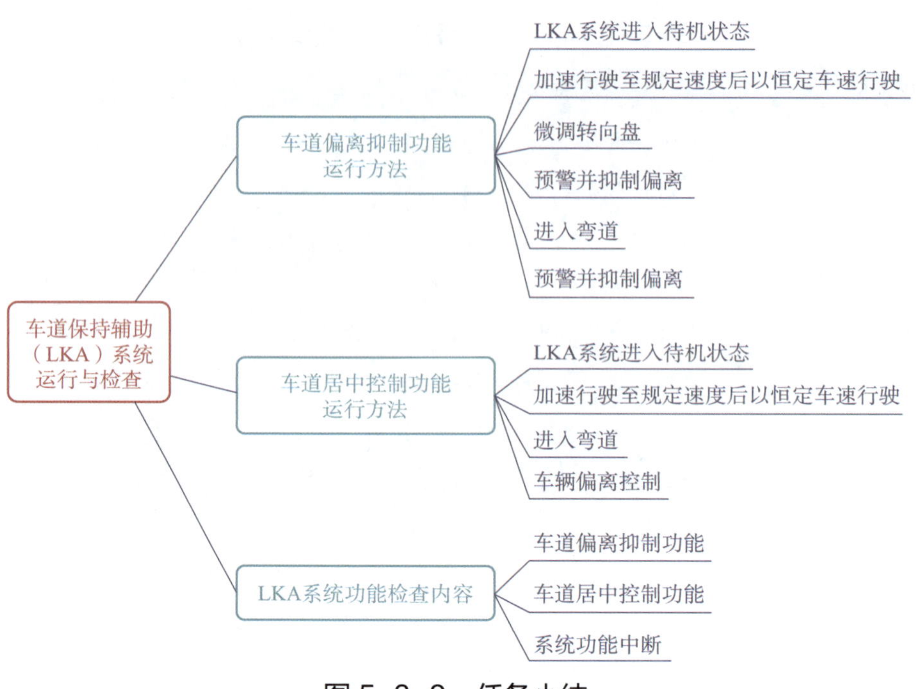

图 5-3-8　任务小结

智能泊车辅助（IPA）系统运行与检查

一、任务导入

智能泊车辅助是ADAS控制辅助类功能之一，能够有效减轻驾驶员的操作负担，降低泊车的困难度和事故率。本任务将对智能泊车辅助系统的运行状况进行检查。

二、任务目标

- 能按照正确的方法完成智能泊车辅助系统的运行。
- 能按照正确的方法对智能泊车辅助系统各项功能进行检查。

三、知识学习

1. IPA 系统的作用

智能泊车辅助（intelligent parking assist，IPA）系统又称自动泊车辅助（APA）系统，在进行泊车时，安装在车身周围的传感器会自动检测车辆左、右两侧合适的泊车空间，之后IPA系统自动规划泊车轨迹，无须驾驶员操作，即可自动控制车辆的转向、速度、挡位和制动，完成自动泊入和自动泊出工作。IPA 系统功能如图 5-4-1 所示。

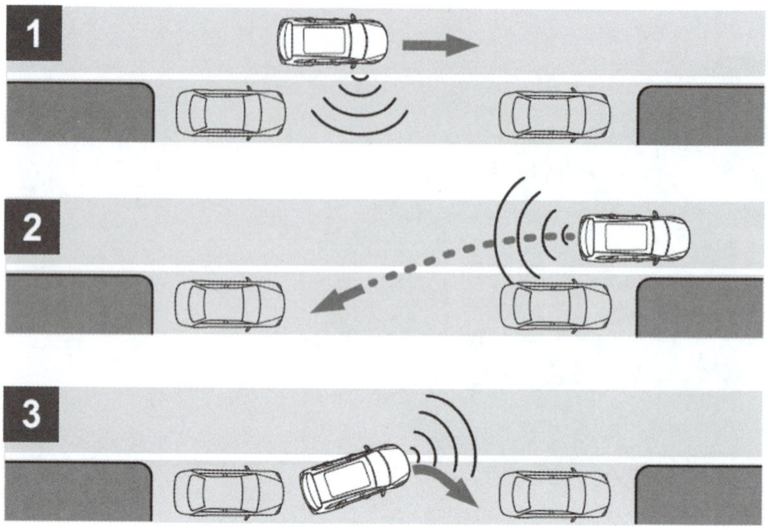

图 5-4-1　IPA 系统功能

2. IPA 系统运行方法

（1）IPA 系统运行条件

1）自动泊入时，车辆必须低速行驶，以确保 IPA 系统能够检测到车位，如车速必须低于 20 km/h。具体参数需参照仪表或中控显示屏提示，或查看车辆用户手册中的规定。

2）自动泊入时，车辆应尽量与车位平行，以确保 IPA 系统能够检测到车位。

3）自动泊入的过程中，检测车位时车身与车位距离应不超过一定范围，如 0.8 ~ 1.5 m。具体参数需参照仪表或中控显示屏提示，或查看车辆用户手册中的规定。

4）自动泊入时，IPA 系统确定检测到的车位需符合系统的要求：车位的长度、宽度需大于车辆的长度、宽度，如车位长度为（车长 +1）m、车位宽度为（车宽 +0.8）m，具体参数需查看车辆用户手册中的规定。

5）车辆必须处于静止状态才能启动自动泊出功能。

6）轮胎气压应为标准冷态充气压力。

（2）IPA 系统自动泊入功能运行方法

1）起动车辆，通过语音、触摸、按键等方式开启 IPA 系统。IPA 系统开启键如图 5-4-2 所示，一般位于转向盘、副仪表板等位置。

图 5-4-2　IPA 系统开启键

2）通过触摸选项或开启转向灯指定 IPA 系统检测车辆左侧或右侧车位（IPA 系统默认检测车辆右侧车位），之后系统会自动检测对应侧的车位。

3）车辆在泊车区域（划分标准车位或足够容纳车辆停放的泊车空间）低速行驶以搜索车位，如图 5-4-3 所示。

4）IPA 系统检测到合适的车位后进行提示，驾驶员采取制动措施，车辆停止行驶。IPA 系

统可能检测到一个或多个合适的车位，驾驶员需要选择一个车位进行泊入，如图 5–4–4 所示。

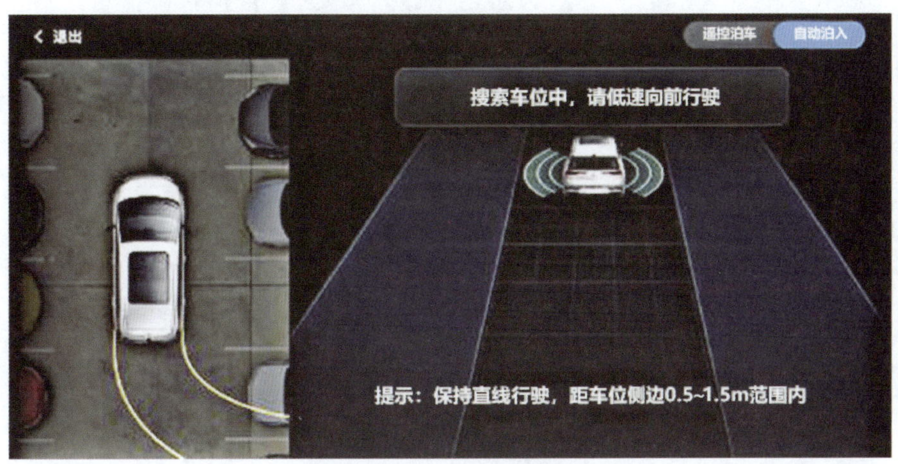

图 5–4–3　搜索车位

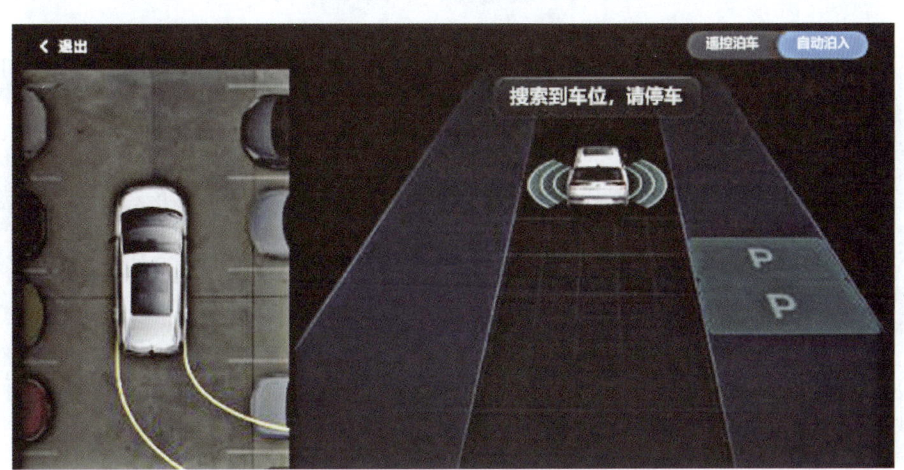

图 5–4–4　选择车位

5）根据提示，驾驶员松开转向盘和制动踏板，IPA 系统自动控制车辆挡位、转向及速度，开始自动泊入，如图 5–4–5 所示。

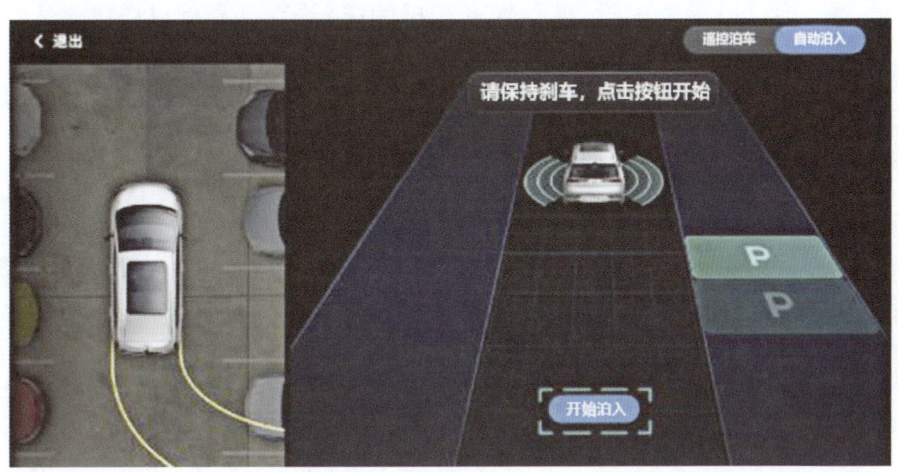

图 5-4-5 自动泊入

6）车辆自动泊入完成后，系统提醒驾驶员接管车辆，如图 5-4-6 所示。

图 5-4-6 自动泊入完成

（3）IPA 系统自动泊出功能运行方法

1）起动车辆，通过语音、触摸、按键等方式开启 IPA 系统，系统自动检测是否满足自动泊出条件。

2）通过触摸选项或开启转向灯选择自动泊出方向，如图 5-4-7 所示。

3）根据提示，驾驶员双手离开转向盘，IPA 系统控制车辆自动泊出，如图 5-4-8 所示。

4）自动泊出完成后，系统会提醒驾驶员接管车辆。

（4）泊车中断

在 IPA 系统控制车辆自动泊车的过程中，驾驶员可以通过踩下加速踏板、切换挡位、干预转向盘转动、点击 IPA 系统开启键等主动动作使自动泊车中断。

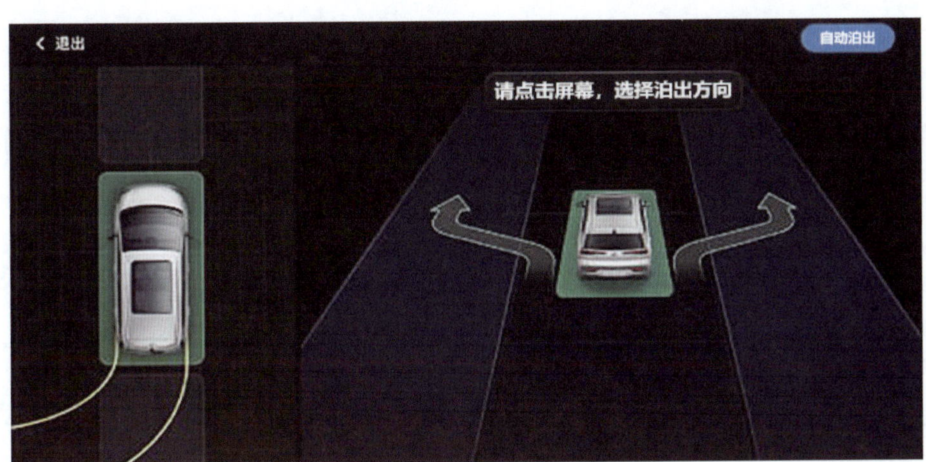

图 5-4-7 选择自动泊出方向

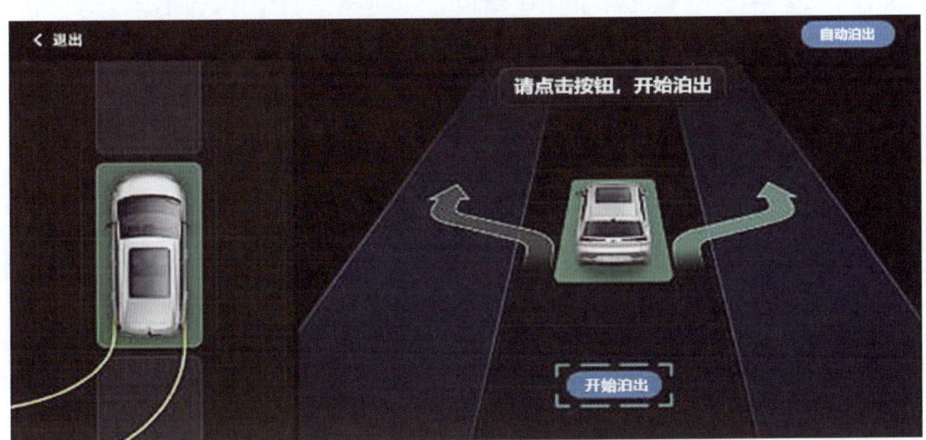

图 5-4-8 自动泊出

注意：IPA 系统仅为驾驶辅助系统，驾驶员仍需要时刻注意车辆周边环境，随时准备制动以避让行人、车辆或物体，驾驶员应对车辆的安全负有全部责任。

3. IPA 系统功能检查内容

（1）自动泊入功能检查

1）检查是否能通过语音、触摸、按键等方式开启 IPA 系统。若 IPA 系统无法开启，可以尝试重新打开起动开关。

2）检查 IPA 系统是否能检测到合适车位并提醒驾驶员。若 IPA 系统无法检测到合适的车位，可以尝试调整车速，调整车辆与车位之间的距离，更换车位或尽量与车位平行。若进行相应调整后系统仍然无法检测到合适的车位，应对 IPA 系统进行检测与维修。

3）检查自动泊车阶段，IPA 系统是否能控制车辆的转向、制动和速度以完成自动泊车。若 IPA 系统无法控制车辆完成泊车或按照泊车轨迹行驶存在碰撞可能时，驾驶员应立即接管车辆并采取制动措施，之后对 IPA 系统进行检测与维修。

4）检查自动泊车完成后，IPA 系统是否能自动关闭并提醒驾驶员接管车辆，之后下车检查车辆是否完全位于车位内。若 IPA 系统无法关闭，可以尝试重新打开起动开关。若车位的长度和宽度符合要求，而车辆未能完全位于车位内，应对 IPA 系统进行检测与维修。

（2）自动泊出功能检查

1）检查 IPA 系统开启后，是否能启动自动泊出功能，若无法启动应对 IPA 系统进行检测与维修。

2）检查车辆的自动泊出方向是否与驾驶员指令一致，若不一致驾驶员应立即接管车辆并采取制动措施，之后对 IPA 系统进行检测与维修。

（3）功能中断检查

检查自动泊车过程中，驾驶员踩下加速踏板、切换挡位、干预转向盘转动、点击 IPA 系统开启键等主动动作是否能中断自动泊车。若自动泊车无法中断，驾驶员应立即接管车辆并采取制动措施，之后对 IPA 系统进行检测与维修。

四、任务实施

1. 任务分配

根据实际情况分配任务，并记录在表 5-4-1 中。

表 5-4-1　任务分配

职务	姓名	工作内容
组长		监督、管理组员工作
组员		

2. 物料准备

准备任务实施所需的物料，见表 5-4-2。

表 5-4-2　物料准备

所需物料
防护用品：车内防护用品等
设备、工具：实训车辆、智能钥匙、车辆用户手册等

3. IPA 系统功能检查

参考车辆用户手册，根据 IPA 系统功能检查内容对 IPA 系统进行检查，并将相关内容记录在表 5-4-3 中。

表 5-4-3 IPA 系统功能检查记录

序号	检查项目	检查内容		检查结果	处理意见
1	自动泊入功能	IPA 系统开启方式		语音 □ 触摸 □ 按键 □	
		IPA 系统是否能正常开启		是 □ 否 □	
		IPA 系统是否能检测到合适车位		是 □ 否 □	
		车辆控制是否正常	转向	正常 □ 不正常 □	
			挡位	正常 □ 不正常 □	
			车速	正常 □ 不正常 □	
		IPA 系统是否能正常关闭		是 □ 否 □	
		车辆是否全部位于车位内		是 □ 否 □	
2	自动泊出功能	IPA 系统开启后，是否能启动自动泊出功能		是 □ 否 □	
		车辆的自动泊出方向是否与驾驶员指令一致		是 □ 否 □	
3	功能中断	踩下加速踏板是否能中断功能		是 □ 否 □	
		切换挡位是否能中断功能		是 □ 否 □	
		干预转向盘转动是否能中断功能		是 □ 否 □	
		点击 IPA 系统开启键是否能中断功能		是 □ 否 □	

五、检查

根据表 5-4-4 中的检查项目进行检查，并将检查结果和结果点评填入表 5-4-4 中。

表 5-4-4 检查

检查项目	检查结果	结果点评
IPA 系统功能运行与检查		
是否能正确利用 IPA 系统完成自动泊车	是 □ 否 □	
自动泊车过程中遇到障碍物是否能正确处理	是 □ 否 □	
整理及恢复		
工具、设备是否整理恢复	是 □ 否 □	
实训工位是否打扫干净	是 □ 否 □	
工作页是否填写完整	是 □ 否 □	

六、任务小结

本任务小结如图 5-4-9 所示。

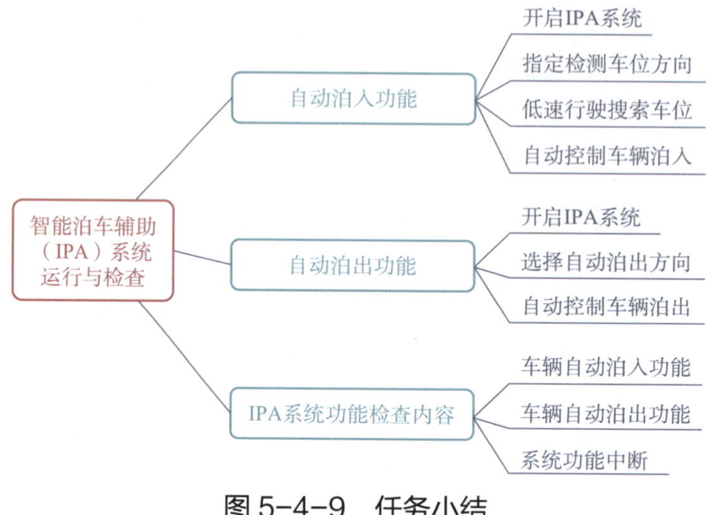

图 5-4-9　任务小结

驾驶员疲劳监测（DFM）系统运行与检查

一、任务导入

驾驶员疲劳监测是 ADAS 信息辅助类功能之一，能监测驾驶员疲劳状态并进行提示，有效减少因疲劳驾驶而引发的交通事故。本任务将对驾驶员疲劳监测系统的运行状况进行检查。

二、任务目标

- 能按照正确的方法完成驾驶员疲劳监测系统的运行。
- 能按照正确的方法对驾驶员疲劳监测系统各项功能进行检查。

三、知识学习

1. DFM 系统的作用

驾驶员疲劳监测（driver fatigue monitoring，DFM）系统基于人脸识别技术实时监测驾驶员状态，当驾驶员精神状态不佳或进入浅层睡眠时，DFM 系统会根据驾驶员的眼部动作、口部动作、头部动作等信息推断驾驶员处于疲劳状态，并在确认其疲劳时发出提示信息。DFM 系统功能如图 5-5-1 所示。

图 5-5-1 DFM 系统功能

2. DFM 系统摄像头安装位置

DFM 系统利用摄像头采集驾驶员的面部信息，因此必须保证摄像头能时刻监测到驾驶员面部。DFM 系统摄像头一般安装在左侧 A 柱内侧、内后视镜处、转向管柱处、天窗组合开关处等位置。DFM 系统摄像头的安装位置如图 5-5-2 所示。

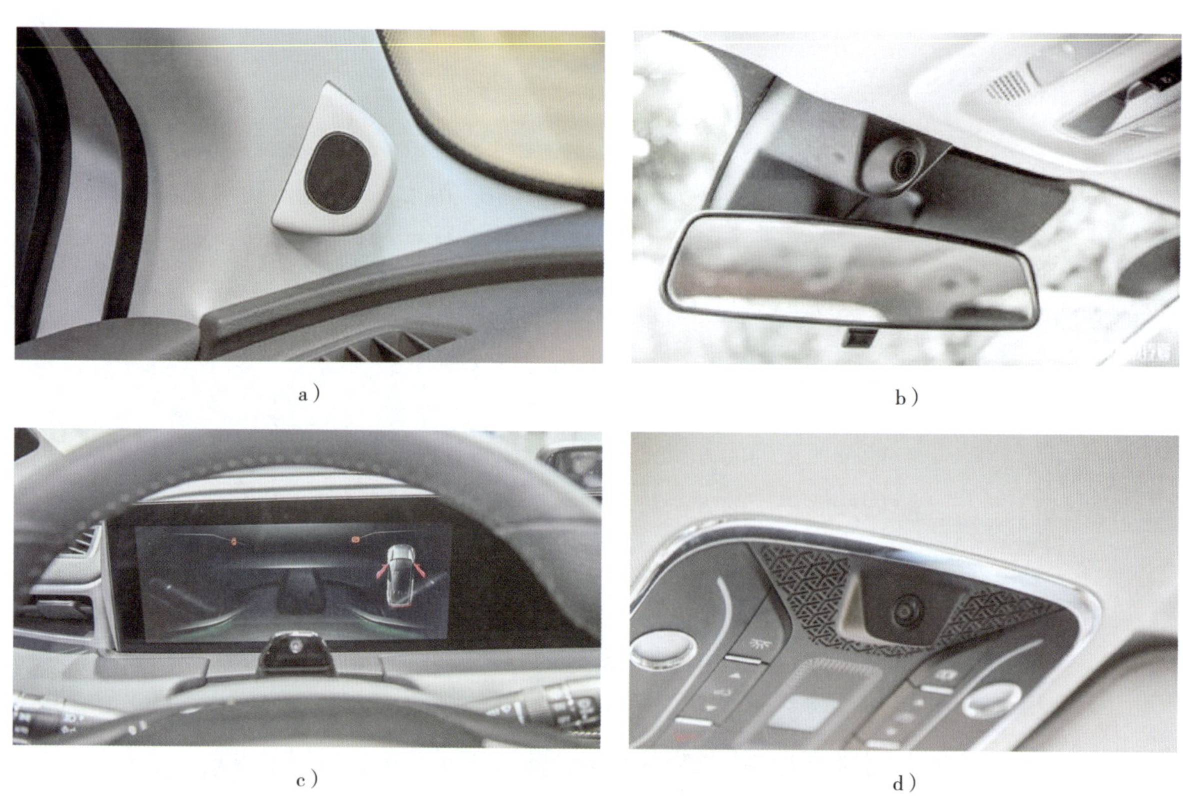

a）　b）　c）　d）

图 5-5-2 DFM 系统摄像头的安装位置

a）位于左侧 A 柱内侧　b）位于内后视镜处　c）位于转向管柱处　d）位于天窗组合开关处

3. DFM 系统运行条件

（1）当车速或连续驾驶时长达到规定值后 DFM 系统才能启动，车速和时长规定值需查看车辆用户手册。

（2）DFM 系统启动后需要进行初始化，初始化完成后 DFM 系统才能正常运行。

（3）DFM 系统摄像头未被遮挡，能时刻监测到驾驶员面部。

（4）DFM 系统能清晰地监测到驾驶员面部信息，佩戴墨镜、口罩、帽子等可能会导致疲劳提示失效或错误。

4. DFM 系统运行方法

起动车辆，确保 DFM 功能已开启，选取一段封闭道路，将车辆加速行驶至规定值后以恒定车速行驶，或连续驾驶时长达到规定值后 DFM 系统启动。待 DFM 系统初始化完成后，驾驶员进行连续打哈欠、眨眼或低头、闭眼超过 3 s 等主动动作，DFM 系统提示驾驶员已经疲劳驾驶。

注意：

（1）即使车辆配置 DFM 系统，驾驶员仍需集中精力谨慎驾驶，切勿疲劳驾驶。

（2）DFM 系统运行与检查需两人配合进行，当驾驶员进行闭眼、低头等动作时，另一人负责观察路况并提醒驾驶员，谨防发生交通事故。

5. DFM 系统功能检查内容

（1）摄像头检查

检查 DFM 系统摄像头是否存在遮挡、脏污或损坏等情况，若存在应将遮挡物移除或对摄像头进行清理或更换。

（2）功能开启及关闭检查

对于安装 DFM 系统手动开关的车辆，应检查是否能通过手动开关关闭 DFM 系统，并检查 DFM 系统关闭后是否能通过手动开关再次开启。若存在无法关闭 DFM 系统或 DFM 系统关闭后无法开启的问题，可以尝试重新打开起动开关，若问题仍然存在，应对 DFM 系统进行检测与维修。DFM 系统手动开关如图 5-5-3 所示。

图 5-5-3　DFM 系统手动开关

（3）疲劳监测功能检查

检查驾驶员连续打哈欠、眨眼或低头、闭眼超过 3 s 等状态下，DFM 系统是否发出提示信号，若未发出提示信号，应对 DFM 系统进行检测与维修。

（4）提示信号检查

检查 DFM 系统是否采用声学、触觉及光学信号中的至少两种进行提示。若未发出提示信号或提示信号缺失，应对 DFM 系统或提示单元进行检测与维修。仪表板上的疲劳驾驶提示信号如图 5–5–4 所示。

图 5–5–4 仪表板上的疲劳驾驶提示信号

四、任务实施

1. 任务分配

根据实际情况分配任务，并填入表 5–5–1 中。

表 5–5–1 任务分配

职务	姓名	工作内容
组长		监督、管理组员工作
组员		

2. 物料准备

准备任务实施所需的物料，见表 5–5–2。

表 5–5–2 物料准备

所需物料
防护用品：车内防护用品等
设备、工具：实训车辆、智能钥匙、车辆用户手册等

3. DFM 系统功能检查

参考车辆用户手册，根据 DFM 系统功能检查内容对 DFM 系统进行检查，并将相关内容记录在表 5-5-3 中。

表 5-5-3 DFM 系统功能检查记录

<table>
<tr><th>序号</th><th>检查项目</th><th colspan="3">检查内容</th><th>检查结果</th><th>处理意见</th></tr>
<tr><td rowspan="4">1</td><td rowspan="4">摄像头</td><td colspan="3">摄像头安装位置</td><td>________</td><td></td></tr>
<tr><td colspan="3">是否存在遮挡</td><td>是 □ 否 □</td><td></td></tr>
<tr><td colspan="3">是否存在脏污</td><td>是 □ 否 □</td><td></td></tr>
<tr><td colspan="3">是否存在损坏</td><td>是 □ 否 □</td><td></td></tr>
<tr><td rowspan="6">2</td><td rowspan="6">功能开启及关闭</td><td rowspan="3">是否安装 DFM 系统手动开关</td><td rowspan="2">是 □</td><td>是否能手动开启 DFM 系统</td><td>是 □ 否 □</td><td></td></tr>
<tr><td>是否能手动关闭 DFM 系统</td><td>是 □ 否 □</td><td></td></tr>
<tr><td colspan="3">否 □</td><td></td></tr>
<tr><td rowspan="3">DFM 系统启动</td><td rowspan="2">启动条件</td><td>车速 □</td><td>________ km/h</td><td></td></tr>
<tr><td>连续驾驶时长 □</td><td>________ h</td><td></td></tr>
<tr><td colspan="2">DFM 系统是否能启动</td><td>是 □ 否 □</td><td></td></tr>
<tr><td rowspan="4">3</td><td rowspan="4">疲劳监测功能</td><td colspan="3">连续打哈欠时，DFM 系统是否发出提示信号</td><td>是 □ 否 □</td><td></td></tr>
<tr><td colspan="3">连续眨眼时，DFM 系统是否发出提示信号</td><td>是 □ 否 □</td><td></td></tr>
<tr><td colspan="3">低头超过 3 s 时，DFM 系统是否发出提示信号</td><td>是 □ 否 □</td><td></td></tr>
<tr><td colspan="3">闭眼超过 3 s 时，DFM 系统是否发出提示信号</td><td>是 □ 否 □</td><td></td></tr>
<tr><td>4</td><td>提示信号</td><td colspan="3">提示信号形式</td><td>声学 □ 触觉 □
光学 □</td><td></td></tr>
</table>

五、检查

根据表 5-5-4 中的检查项目进行检查，并将检查结果和结果点评填入表 5-5-4 中。

表 5-5-4 检查

<table>
<tr><th>检查项目</th><th>检查结果</th><th>结果点评</th></tr>
<tr><td colspan="3">DFM 系统运行与检查</td></tr>
<tr><td>是否对 DFM 系统摄像头遮挡物进行清理</td><td>是 □ 否 □</td><td></td></tr>
<tr><td>是否在 DFM 系统启动后再检查疲劳监测功能</td><td>是 □ 否 □</td><td></td></tr>
</table>

续表

检查项目	检查结果	结果点评
整理及恢复		
工具、设备是否整理恢复	是 □ 否 □	
实训工位是否打扫干净	是 □ 否 □	
工作页是否填写完整	是 □ 否 □	

六、任务小结

本任务小结如图 5-5-5 所示。

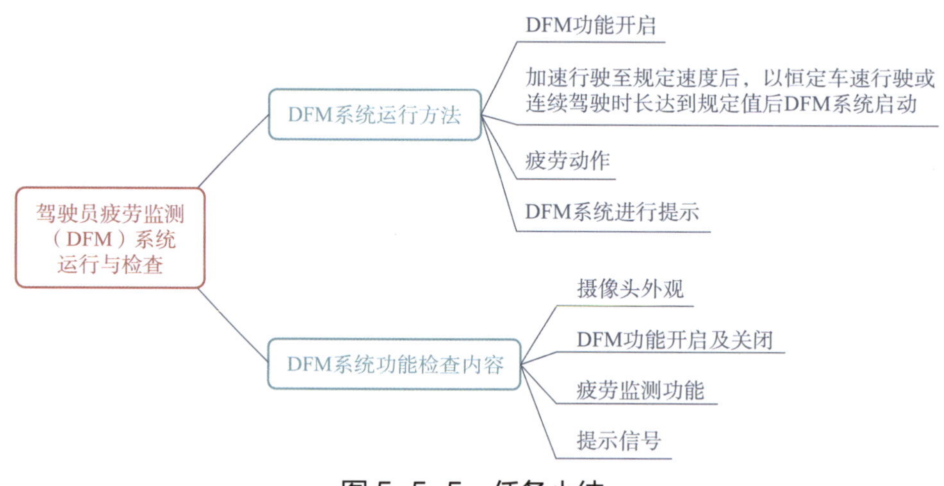

图 5-5-5 任务小结

情境六
智能网联汽车整车检查与维护

一、情境导入

场景：某智能网联汽车 4S 店

人物：小张（学徒）、王师傅（智能网联汽车维修技师）、李先生（车主）

情境：车主李先生在汽车行驶 20 000 km 后到 4S 店做维护，维修技师王师傅忙着另一辆车的维修，让学徒小张独立完成这辆智能网联汽车的检查与维护工作。于是小张从车辆外观、客舱、前机舱、底盘及先进驾驶辅助系统几个方面系统地对车辆各功能、各部件进行了检查与维护。

二、情境目标

- 能按照正确的方法对车辆外观进行检查与维护。
- 能按照正确的方法对车辆客舱内各电器进行检查与维护。
- 能按照正确的方法对车辆前机舱内各部件进行检查与维护。
- 能按照正确的方法对车辆底盘各部件进行检查与维护。
- 能按照正确的方法对先进驾驶辅助系统进行运行与检查。

智能网联汽车外观及客舱检查与维护

一、任务导入

本任务先对车身漆面、车窗玻璃、车门、前机舱盖等车辆外饰件进行检查与维护，之后对客舱内的空调、座椅、灯光、车窗、刮水器等电器进行检查与维护，最后对安全带、内饰件等部件进行检查与维护。

二、任务目标

- 能按照正确的方法对车辆外观进行检查与维护。
- 能按照正确的方法对客舱内各电器进行检查与维护。
- 能按照正确的方法对客舱内饰件、安全带等部件进行检查与维护。

三、知识学习

汽车维护周期

按照国家及车辆制造商的要求，为维持车辆良好的技术状况或工作能力，需要按预先设定的行程间隔或时间间隔对车辆进行维护，如 5 000 km 或 3 个月、10 000 km 或 6 个月、20 000 km 或 12 个月等。

四、任务实施

1. 任务分配

根据实际情况分配任务，并记录在表 6–1–1 中。

表 6–1–1　任务分配

职务	姓名	工作内容
组长		监督、管理组员工作
组员		

2. 物料准备

准备任务实施所需的物料，见表 6–1–2。

表 6–1–2　物料准备

所需物料
防护用品：人身安全防护用品、车辆防护用品、操作场地安全防护用品等
设备、工具：实训车辆、智能钥匙、车辆用户手册、车辆保养手册、手电筒、小刷子、润滑脂、抹布、滑石粉、刮水片、移动终端、空调温度测试仪、清水、盛水容器、吹风枪等

3. 车辆外观及客舱检查与维护

参考车辆用户手册和车辆保养手册，对智能网联汽车的外观及客舱内各部件进行检查与维护，并将相关内容记录在表 6–1–3 和表 6–1–4 中。

表 6–1–3　车辆外观检查与维护记录

序号	检查项目	检查内容	检查结果	处理意见
1	车漆、外饰件	车漆	正常 □　划痕 □　锈蚀 □　掉漆 □ 鼓包 □　其他 □________	
		外饰件	正常 □　凹陷 □　变形 □　阶差 □ 其他 □________	
2	车灯	外观	正常 □　污垢 □　划痕 □　破损 □ 安装异常 □　其他 □________	
3	车窗	玻璃外观	正常 □　脏污 □　划痕 □ 破损 □　裂纹 □　其他 □________	

续表

序号	检查项目	检查内容	检查结果	处理意见
3	车窗	密封条、导轨	正常 □　灰尘 □　碎屑 □　需清理 □ 需润滑 □　其他 □________	
4	外后视镜	壳体外观	正常 □　裂痕 □　破损 □ 其他 □________	
		镜片外观	正常 □　划痕 □　破损 □　脏污 □ 模糊 □　其他 □________	
5	车门	铰链连接	正常 □　松旷 □	
		车门限位器	正常 □　异响 □	
		门锁	正常 □　松动 □	
6	前机舱盖	铰链连接	正常 □　松旷 □	
		开关	正常 □　异常 □	
		锁止	正常 □　异常 □	
7	刮水器	刮水器与风窗玻璃之间空隙	正常 □　有杂物 □　其他 □________	
		刮水胶条	正常□　变形 □　龟裂 □　破损 □ 其他 □________	
8	行李舱盖	铰链连接	正常 □　松旷 □	
		开关	正常 □　异常 □	
		锁止	正常 □　异常 □	
9	充电口盖	安装	牢固 □　松动 □	
		开关	正常 □　异常 □	
		锁止	正常 □　异常 □	
10	润滑	车门锁	正常 □　异常 □	
		车门铰链	正常 □　异常 □	
		车门限位器	正常 □　异常 □	
		前机舱盖锁	正常 □　异常 □	
		前机舱盖铰链	正常 □　异常 □	
		行李舱盖锁	正常 □　异常 □	
		行李舱盖铰链	正常 □　异常 □	
		天窗导轨	正常 □　异常 □	

表 6-1-4　车辆客舱检查与维护记录

序号	检查项目	检查内容	检查结果	处理意见
1	内饰件	仪表板	正常 □　划痕 □　配件缺失 □	
		副仪表板	正常 □　划痕 □　配件缺失 □	

续表

序号	检查项目	检查内容	检查结果	处理意见
1	内饰件	车门内饰板	正常 □ 破损 □ 松动 □ 裂缝 □ 污渍 □ 其他 □________	
		顶棚	正常 □ 破损 □ 松动 □ 裂缝 □ 污渍 □ 其他 □________	
		转向盘	正常 □ 污渍 □ 划痕 □ 破损 □ 其他 □________	
		座椅	正常 □ 污渍 □ 划痕 □ 破损 □ 其他 □________	
2	安全带	卷收器锁止	正常 □ 异常 □	
		卷收器回收	正常 □ 异常 □	
		锁扣、锁舌锁止	正常 □ 异常 □	
		安全带织物	正常 □ 脏污 □ 撕裂 □ 断裂 □ 扯破 □ 其他 □________	
		安全带信号装置	正常 □ 异常 □	
3	安全气囊	安全气囊故障信号装置	正常 □ 异常 □	
		“AIRBAG”标记	正常 □ 损坏 □ 有覆盖物 □	
4	仪表	外观	正常 □ 灰尘 □ 污垢 □ 裂纹 □ 破损 □ 其他 □________	
		信息显示	正常 □ 异常 □	
		固定	牢固 □ 松动 □	
5	中控 显示屏	外观	正常 □ 灰尘 □ 脏污 □ 其他 □________	
		显示	正常 □ 漏光 □ 花屏 □ 其他 □________	
		触摸	正常 □ 反应迟缓 □ 失效 □ 其他 □________	
6	车窗	驾驶员侧车窗升降按键控制	正常 □ 异常 □	
		右前车窗升降按键控制	正常 □ 异常 □	
		左后车窗升降按键控制	正常 □ 异常 □	
		右后车窗升降按键控制	正常 □ 异常 □	
		锁止按键控制	正常 □ 异常 □	
7	外后视镜	外后视镜调节	正常 □ 异常 □	
		外后视镜折叠	正常 □ 异常 □	
		外后视镜加热	正常 □ 异常 □	

续表

序号	检查项目	检查内容	检查结果		处理意见
8	天窗	天窗开启、关闭	正常 □ 异响 □ 卡滞 □ 其他 □________		
		天窗翘起	正常 □ 异响 □ 卡滞 □ 其他 □________		
		遮阳帘开启、关闭	正常 □ 异常 □ 其他 □________		
		外侧密封条	正常 □ 灰尘 □ 沙粒 □ 其他 □________		
		导轨	正常 □ 灰尘 □ 沙粒 □ 树叶 □ 其他 □________		
		水槽	正常 □ 灰尘 □ 沙粒 □ 树叶 □ 其他 □________		
		排水孔	正常 □ 堵塞 □		
9	喇叭	各方向接触点鸣响	正常 □ 异常 □		
10	刮水器 / 洗涤器	洗涤功能	正常 □ 异常 □		
		各种刮水模式功能	正常 □ 异常 □		
		风窗玻璃清洗液喷射角度	正常 □ 过高 □ 过低 □ 过窄 □		
		刮水过程	正常 □ 异响 □ 卡顿 □ 其他 □________		
11	人机交互	语音交互唤醒功能	唤醒词 □	正常 □ 异常 □	
			按键 □	正常 □ 异常 □	
		语音交互控制功能	正常 □ 异常 □		
		触摸交互控制功能	正常 □ 异常 □		
12	智能空调	制冷功能	正常 □ 异常 □		
		制热功能	正常 □ 异常 □		
		风速调节功能	正常 □ 异常 □		
		内、外循环功能	正常 □ 异常 □		
		出风模式切换	正常 □ 异常 □		
		除霜 / 除雾功能	正常 □ 异常 □		
		远程控制功能	正常 □ 异常 □		
		语音控制功能	正常 □ 异常 □		
		液晶显示屏	正常 □ 异常 □		
13	智能座椅	座椅前、后调节功能	正常 □ 异常 □		
		座椅升高、降低功能	正常 □ 异常 □		
		靠背前、后调节功能	正常 □ 异常 □		
		腰部支撑上、下调节功能	正常 □ 异常 □		

续表

序号	检查项目	检查内容	检查结果	处理意见
13	智能座椅	腰部支撑凸起、凹陷功能	正常 □ 异常 □	
		头枕上、下调节功能	正常 □ 异常 □	
		座椅坐垫倾斜度调节功能	正常 □ 异常 □	
		座椅加热功能	正常 □ 异常 □	
		座椅通风功能	正常 □ 异常 □	
		座椅按摩功能	正常 □ 异常 □	
		座椅记忆功能	正常 □ 异常 □	
		座椅迎宾功能	正常 □ 异常 □	
		健康监测功能	正常 □ 异常 □	
14	车辆内部灯光	车顶灯	正常 □ 异常 □	
		化妆镜照明灯	正常 □ 异常 □	
		车门示廓灯	正常 □ 异常 □	
		行李舱灯	正常 □ 异常 □	
		手套箱灯	正常 □ 异常 □	
15	车辆前部灯光	位置灯	正常 □ 异常 □	
		日间行车灯	正常 □ 异常 □	
		近光灯	正常 □ 异常 □	
		远光灯	正常 □ 异常 □	
		自适应前照明	正常 □ 异常 □	
		雾灯	正常 □ 异常 □	
		转向灯	正常 □ 异常 □	
		危险警告信号	正常 □ 异常 □	
16	车辆后部灯光	位置灯	正常 □ 异常 □	
		雾灯	正常 □ 异常 □	
		转向灯	正常 □ 异常 □	
		危险警告信号	正常 □ 异常 □	
		制动灯	正常 □ 异常 □	
		牌照灯	正常 □ 异常 □	
		倒车灯	正常 □ 异常 □	
17	车门锁止、解锁	智能钥匙锁止、解锁	正常 □ 异常 □	
		无钥匙进入锁止、解锁	正常 □ 异常 □	
		中控锁锁止、解锁	正常 □ 异常 □	
		车门自动锁止、解锁	正常 □ 异常 □	

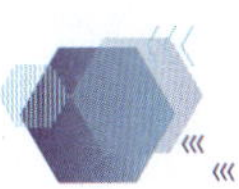

五、检查

根据表 6–1–5 中的检查项目进行检查，并将检查结果和结果点评填入表 6–1–5 中。

表 6–1–5 检查

检查项目	检查结果	结果点评
车辆外观及客舱检查与维护		
车门限位器润滑后是否造成脏污	是 □ 否 □	
智能空调是否能正常工作	是 □ 否 □	
智能座椅的各项调节功能是否正常	是 □ 否 □	
整理及恢复		
工具、设备是否整理恢复	是 □ 否 □	
实训工位是否打扫干净	是 □ 否 □	
工作页是否填写完整	是 □ 否 □	

智能网联汽车前机舱检查与维护

一、任务导入

本任务将对车辆前机舱内的各类油液和部件进行检查与维护，并对高压系统各部件的绝缘电阻进行检测。

二、任务目标

- 能按照正确的方法对前机舱内各类油液进行检查与维护。
- 能按照正确的方法对前机舱内各部件进行检查与维护。
- 能按照正确的方法对高压系统各部件的绝缘电阻进行检测。

三、任务实施

1. 任务分配

根据实际情况分配任务，并记录在表 6-2-1 中。

表 6-2-1　任务分配

职务	姓名	工作内容
组长		监督、管理组员工作
组员		

2. 物料准备

准备任务实施所需的物料，见表 6-2-2。

表 6-2-2　物料准备

所需物料
防护用品：人身安全防护用品、车辆防护用品、操作场地安全防护用品等
设备、工具：实训车辆、智能钥匙、车辆维修手册、车辆保养手册、车辆用户手册、肥皂液、小刷子、制动液、制动液含水率检测笔、风窗玻璃清洗液、抹布、冰点测试仪、绝缘工具套装、绝缘扭矩扳手、冷却液、防护袋（或绝缘胶带）、举升机、绝缘表、万用表

3. 车辆前机舱检查与维护

参考车辆用户手册和车辆保养手册，对车辆前机舱内各类油液和部件进行检查与维护，并对前机舱内高压系统各部件的绝缘电阻进行检测，将相关内容记录在表 6-2-3 中。

表 6-2-3　车辆前机舱检查与维护记录

序号	检查项目	检查内容	检查结果	处理意见
1	辅助蓄电池	壳体	正常 □　变形 □　破损 □ 其他 □________	
		固定状况	牢固 □　晃动 □　倾斜 □ 其他 □________	
		端子连接状况	牢固 □　晃动 □　其他 □________	
		电解液指示器颜色	绿色 □　黑色 □ 无色、淡黄色 □　其他 □________	
		静态电压	________V 过低 □　正常 □　过高 □	
2	制动液	液位	过低 □　正常 □　过高 □	
		含水率	________% 正常 □　过高 □	

续表

序号	检查项目	检查内容	检查结果	处理意见
3	风窗玻璃清洗液	液位	过低 □ 正常 □ 过高 □	
		冰点	________℃ 正常 □ 过高 □	
4	冷却液	液位	过低 □ 正常 □ 过高 □	
		冰点	________℃ 正常 □ 过高 □	
5	电机控制器	外壳	正常 □ 锈蚀 □ 碰伤 □ 划痕 □ 涂覆层剥落 □ 其他 □________	
		固定螺栓	牢固 □ 松动 □	
		颜色和标记	正确 □ 错误 □	
		冷却系统水管连接	牢固 □ 松动 □ 漏液 □ 堵塞 □	
		表面	清洁 □ 灰尘 □	
		高压警告标记	完好 □ 破损 □	
		铭牌	字迹清晰 □ 字迹模糊 □ 铭牌脱离 □	
		低压连接器	牢固 □ 松动 □	
		电机控制器高压输入正极、负极与外壳之间的绝缘电阻	正常 □ 异常 □	
		电机控制器交流输出 U 极、V 极、W 极与外壳之间的绝缘电阻	正常 □ 异常 □	
		电机控制器高压线缆正极、负极与屏蔽层之间的绝缘电阻	正常 □ 异常 □	
6	高压控制盒	外观	正常 □ 破损 □ 划痕 □	
		铭牌信息	清晰 □ 模糊 □ 破损 □	
		低压连接器	牢固 □ 松动 □	
		高压控制盒高压输入正极、负极与外壳之间的绝缘电阻	正常 □ 异常 □	
		高压控制盒快充输入正极、负极与外壳之间的绝缘电阻	正常 □ 异常 □	
7	DC/DC 变换器	外壳	正常 □ 破损 □ 划痕 □	
		铭牌信息	清晰 □ 模糊 □ 破损 □	
		低压连接器	牢固 □ 松动 □	
		变换器负极与车身搭铁螺栓的紧固情况	牢固 □ 松动 □	
		DC/DC 变换器输入正极、负极与外壳之间的绝缘电阻	正常 □ 异常 □	
		DC/DC 变换器线缆正极、负极与屏蔽层之间的绝缘电阻	正常 □ 异常 □	

续表

序号	检查项目	检查内容	检查结果	处理意见
8	车载充电机	外观	正常 □　破损 □　划痕 □	
		铭牌信息	清晰 □　模糊 □　破损 □	
		低压连接器	牢固 □　松动 □	
		车载充电机直流输出正极、负极与外壳之间的绝缘电阻	正常 □　异常 □	
		车载充电机高压线缆正极、负极与屏蔽层之间的绝缘电阻	正常 □　异常 □	
		慢充线缆 L 极、N 极与屏蔽层之间的绝缘电阻	正常 □　异常 □	
9	驱动电机	外壳	正常 □　锈蚀 □　碰伤 □　划痕 □ 覆盖层剥落 □　其他 □________	
		固定螺栓	牢固 □　松动 □	
		颜色和标记	正确 □　错误 □	
		冷却系统水管连接	牢固 □　松动 □　漏液 □　堵塞 □	
		表面	清洁 □　灰尘 □	
		高压警告标记	完好 □　破损 □	
		铭牌	字迹清晰 □　字迹模糊 □ 铭牌脱离 □	
		低压连接器	牢固 □　松动 □	
		驱动电机交流输入 U 极、V 极、W 极与外壳之间的绝缘电阻	正常 □　异常 □	
10	PTC 加热器	外观	正常 □　破损 □　划痕 □	
		铭牌信息	清晰 □　模糊 □　破损 □	
		低压连接器	牢固 □　松动 □	
		PTC 加热器正极、负极（A−、B−）与车身之间的绝缘电阻	正常 □　异常 □	
		PTC 加热器高压线缆正极、负极（A−、B−）与屏蔽层之间的绝缘电阻	正常 □　异常 □	
11	高压线缆	外观	正常 □　破损 □　老化 □　腐蚀 □ 其他 □________	
		连接器	连接牢固 □　连接松动 □　破损 □	
		线缆	正常 □　有死弯 □　护套破损 □	

四、检查

根据表 6–2–4 中的检查项目进行检查，并将检查结果和结果点评填入表 6–2–4 中。

表 6–2–4 检查

检查项目	检查结果	结果点评
车辆前机舱检查与维护		
辅助蓄电池端子连接是否牢固	是 □ 否 □	
冷却液液位是否正常	是 □ 否 □	
各高压连接器是否有效锁止	是 □ 否 □	
进行绝缘检测时是否正确穿戴人身安全防护用品	是 □ 否 □	
整理及恢复		
工具、设备是否整理恢复	是 □ 否 □	
实训工位是否打扫干净	是 □ 否 □	
工作页是否填写完整	是 □ 否 □	
前机舱盖是否双重锁止	是 □ 否 □	

智能网联汽车底盘检查与维护

一、任务导入

本任务将举升车辆，对车辆底盘各部件进行检查与维护，并对安装在车身底部的高压部件进行绝缘电阻检测。

二、任务目标

- 能按照正确的方法对车辆底盘各部件进行检查与维护。
- 能按照正确的方法对车身底部高压部件的绝缘电阻进行检测。

三、任务实施

1. 任务分配

根据实际情况分配任务，并记录在表 6-3-1 中。

表 6-3-1 任务分配

职务	姓名	工作内容
组长		监督、管理组员工作
组员		

2. 物料准备

准备任务实施所需的物料，见表 6-3-2。

表 6-3-2 物料准备

所需物料
防护用品：人身安全防护用品、车辆防护用品、操作场地安全防护用品等
设备、工具：实训车辆、智能钥匙、车辆维修手册、车辆保养手册、车辆用户手册、绝缘工具套装、绝缘扭矩扳手、防护袋（或绝缘胶带）、举升机、绝缘表、万用表、肥皂水、深度尺、胎压表等

3. 车辆底盘检查与维护

参考车辆用户手册和车辆保养手册，对车辆底盘各部件进行检查与维护，并对安装在车身底部的高压系统各部件的绝缘电阻进行检测，将相关内容记录在表 6-3-3 中。

表 6-3-3 车辆底盘检查与维护记录

序号	检查项目	检查内容	检查结果	处理意见
1	动力蓄电池	外壳	正常 □ 锈蚀 □ 碰伤 □ 裂痕 □ 划痕 □ 变形 □ 其他 □________	
		表面	清洁 □ 灰尘 □	
		高压警告标记	完好 □ 破损 □	
		铭牌	字迹清晰 □ 字迹模糊 □ 铭牌脱离 □	
		固定螺栓	牢固 □ 松动 □	
		高、低压连接器	牢固 □ 松动 □	
		高、低压线缆	正常 □ 老化 □ 破损 □ 腐蚀 □ 其他 □________	
		冷却系统水管连接	牢固 □ 松动 □ 漏液 □ 堵塞 □	
		排气装置	正常 □ 堵塞 □	

续表

<table>
<tr><th>序号</th><th>检查项目</th><th colspan="2">检查内容</th><th>检查结果</th><th>处理意见</th></tr>
<tr><td rowspan="3">1</td><td rowspan="3">动力蓄电池</td><td colspan="2">密封条</td><td>正常 □ 破损 □ 老化 □
其他 □________</td><td></td></tr>
<tr><td colspan="2">动力蓄电池正极、负极与车身之间的绝缘电阻</td><td>正常 □ 不正常 □</td><td></td></tr>
<tr><td colspan="2">动力蓄电池高压线缆正极、负极与屏蔽层之间的绝缘电阻</td><td>正常 □ 不正常 □</td><td></td></tr>
<tr><td rowspan="5">2</td><td rowspan="5">空调压缩机</td><td colspan="2">外壳</td><td>正常 □ 破损 □ 划痕 □</td><td></td></tr>
<tr><td colspan="2">铭牌信息</td><td>清晰 □ 模糊 □ 破损 □</td><td></td></tr>
<tr><td colspan="2">高、低压连接器</td><td>牢固 □ 松动 □</td><td></td></tr>
<tr><td colspan="2">空调压缩机高压输入正极、负极与外壳之间的绝缘电阻</td><td>正常 □ 不正常 □</td><td></td></tr>
<tr><td colspan="2">空调压缩机高压线缆正极、负极与屏蔽层之间的绝缘电阻</td><td>正常 □ 不正常 □</td><td></td></tr>
<tr><td rowspan="7">3</td><td rowspan="7">传动系统</td><td rowspan="2">减速器</td><td>壳体</td><td>正常 □ 磕碰 □ 变形 □</td><td rowspan="7"></td></tr>
<tr><td>固定螺栓</td><td>牢固 □ 松动 □</td></tr>
<tr><td rowspan="5">驱动轴</td><td>油封、壳体密封</td><td>正常 □ 漏油 □</td></tr>
<tr><td>与减速器连接处</td><td>正常 □ 漏油 □</td></tr>
<tr><td>与减速器连接处的防尘套</td><td>正常 □ 破损 □</td></tr>
<tr><td>与转向节连接处的固定螺栓</td><td>紧固 □ 松动 □</td></tr>
<tr><td>与转向节连接处的防尘套</td><td>正常 □ 破损 □</td></tr>
<tr><td rowspan="6">4</td><td rowspan="6">转向系统</td><td rowspan="6">转向器</td><td>外观</td><td>正常 □ 弯曲 □ 裂痕 □</td><td rowspan="6"></td></tr>
<tr><td>横拉杆</td><td>正常 □ 松旷 □ 变形 □</td></tr>
<tr><td>外球节防尘套</td><td>正常 □ 老化 □ 破损 □</td></tr>
<tr><td>外球节固定螺栓</td><td>紧固 □ 松动 □</td></tr>
<tr><td>横拉杆与外球节调节螺栓</td><td>紧固 □ 松动 □</td></tr>
<tr><td>内球节防尘套</td><td>正常 □ 老化 □ 破损 □</td></tr>
<tr><td rowspan="7">5</td><td rowspan="7">行驶系统</td><td rowspan="7">轮胎</td><td>表面</td><td>正常 □ 鼓包 □ 裂纹 □
割伤 □ 异物刺入 □
破裂 □ 其他 □________</td><td rowspan="7"></td></tr>
<tr><td>轮辋及轮辋固定螺栓</td><td>正常 □ 损伤 □ 变形 □</td></tr>
<tr><td>气压</td><td>________ bar</td></tr>
<tr><td>气压是否符合推荐值</td><td>是 □ 否 □</td></tr>
<tr><td>轮胎是否漏气</td><td>是 □ 否 □</td></tr>
<tr><td>轮胎花纹深度</td><td>________ mm</td></tr>
<tr><td>轮胎花纹深度是否符合标准</td><td>是 □ 否 □</td></tr>
</table>

续表

序号	检查项目	检查内容		检查结果	处理意见
5	行驶系统	悬架系统	各部件固定螺栓	紧固 □ 松动 □	
			各部件磕碰情况	正常 □ 磕碰 □	
			悬架橡胶衬套	正常 □ 老化 □ 破损 □	
			减振器	正常 □ 漏油 □	
			减振器防尘套（若有）	正常 □ 破损 □	
			车轮	正常 □ 松旷 □	
6	制动系统	制动片	厚度	________ mm	
			厚度是否达到极限值	是 □ 否 □	
		制动盘	磨损情况	正常 □ 严重 □	
			锈蚀情况	正常 □ 严重 □	
		制动钳	是否松旷	是 □ 否 □	
			制动液是否渗漏	是 □ 否 □	
		制动管路	接口和固定装置是否牢固	是 □ 否 □	
			锈蚀情况	正常 □ 锈蚀 □	
			是否与底盘其他部件产生摩擦	是 □ 否 □	

四、检查

根据表 6-3-4 中的检查项目进行检查，并将检查结果和结果点评填入表 6-3-4 中。

表 6-3-4　检查

检查项目	检查结果	结果点评
车辆底盘检查与维护		
轮胎花纹中的异物是否清理干净	是 □ 否 □	
动力蓄电池绝缘电阻的检查结果是否正确	是 □ 否 □	
进行绝缘检测时是否正确穿戴人身安全防护用品	是 □ 否 □	
整理及恢复		
工具、设备是否整理恢复	是 □ 否 □	
实训工位是否打扫干净	是 □ 否 □	
工作页是否填写完整	是 □ 否 □	
驱动电机护板是否安装	是 □ 否 □	

智能网联汽车先进驾驶辅助系统（ADAS）运行与检查

一、任务导入

本任务将对先进驾驶辅助系统中的自适应巡航控制功能、自动紧急制动功能、车道保持辅助功能、智能泊车辅助功能和驾驶员疲劳监测功能进行道路测试，并进行交车前的故障码读取和清除。

二、任务目标

- 能按照正确的方法对自适应巡航控制系统进行运行与检查。
- 能按照正确的方法对自动紧急制动系统进行运行与检查。
- 能按照正确的方法对车道保持辅助系统进行运行与检查。
- 能按照正确的方法对智能泊车辅助系统进行运行与检查。
- 能按照正确的方法对驾驶员疲劳监测系统进行运行与检查。
- 能正确使用诊断仪读取车辆故障码并清除。

三、任务实施

1. 任务分配

根据实际情况分配任务，并记录在表 6–4–1 中。

表 6-4-1　任务分配

<table>
<tr><th>职务</th><th>姓名</th><th>工作内容</th></tr>
<tr><td>组长</td><td></td><td>监督、管理组员工作</td></tr>
<tr><td rowspan="5">组员</td><td></td><td></td></tr>
<tr><td></td><td></td></tr>
<tr><td></td><td></td></tr>
<tr><td></td><td></td></tr>
<tr><td></td><td></td></tr>
</table>

2. 物料准备

准备任务实施所需的物料，见表 6-4-2。

表 6-4-2　物料准备

所需物料
防护用品：车内防护用品等
设备、工具：实训车辆、智能钥匙、车辆用户手册、诊断仪等

3. ADAS 功能检查

参考车辆用户手册，对智能网联汽车 ADAS 进行运行与检查，并将相关内容记录在表 6-4-3 中。

表 6-4-3　ADAS 功能检查记录

<table>
<tr><th>序号</th><th>检查项目</th><th colspan="2">检查内容</th><th>检查结果</th><th>处理意见</th></tr>
<tr><td rowspan="7">1</td><td rowspan="7">自适应巡航控制系统</td><td rowspan="2">巡航功能</td><td>等待状态</td><td>正常 □　异常 □</td><td></td></tr>
<tr><td>工作状态</td><td>正常 □　异常 □</td><td></td></tr>
<tr><td colspan="2">设定速度调整功能</td><td>正常 □　异常 □</td><td></td></tr>
<tr><td colspan="2">车间时距调整功能</td><td>正常 □　异常 □</td><td></td></tr>
<tr><td rowspan="3">ACC 工作状态退出功能</td><td>踩下制动踏板</td><td>退出 □　运行 □</td><td></td></tr>
<tr><td>踩下加速踏板</td><td>退出 □　运行 □</td><td></td></tr>
<tr><td>短按 ACC 取消键</td><td>退出 □　运行 □</td><td></td></tr>
<tr><td rowspan="2">2</td><td rowspan="2">自动紧急制动系统</td><td rowspan="2">功能开启及关闭</td><td>自检</td><td>正常 □　异常 □</td><td></td></tr>
<tr><td>AEB 系统手动开关</td><td>正常 □　异常 □</td><td></td></tr>
</table>

续表

<table>
<tr><th>序号</th><th>检查项目</th><th colspan="2">检查内容</th><th>检查结果</th><th>处理意见</th></tr>
<tr><td rowspan="8">2</td><td rowspan="8">自动紧急制动系统</td><td rowspan="2">预警信号</td><td>可能发生碰撞时发出预警信号</td><td>正常 □ 异常 □</td><td></td></tr>
<tr><td>是否至少采用两种信号预警</td><td>是 □ 否 □</td><td></td></tr>
<tr><td rowspan="3">制动功能</td><td>预警阶段</td><td>正常 □ 异常 □</td><td></td></tr>
<tr><td>紧急制动阶段</td><td>正常 □ 异常 □</td><td></td></tr>
<tr><td>是否与静止目标发生碰撞</td><td>是 □ 否 □</td><td></td></tr>
<tr><td rowspan="3">功能中断</td><td>踩下加速踏板</td><td>中断 □ 运行 □</td><td></td></tr>
<tr><td>打开转向灯</td><td>中断 □ 运行 □</td><td></td></tr>
<tr><td>其他方式__________</td><td>中断 □ 运行 □</td><td></td></tr>
<tr><td rowspan="4">3</td><td rowspan="4">车道保持辅助系统</td><td colspan="2">车道偏离抑制功能</td><td>正常 □ 异常 □</td><td></td></tr>
<tr><td colspan="2">车道居中控制功能</td><td>正常 □ 异常 □</td><td></td></tr>
<tr><td rowspan="2">功能中断</td><td>开启转向灯</td><td>中断 □ 运行 □</td><td></td></tr>
<tr><td>快速转动转向盘变道</td><td>中断 □ 运行 □</td><td></td></tr>
<tr><td rowspan="9">4</td><td rowspan="9">智能泊车辅助系统</td><td rowspan="3">自动泊入功能</td><td>功能开启</td><td>正常 □ 异常 □</td><td></td></tr>
<tr><td>车位检测</td><td>正常 □ 异常 □</td><td></td></tr>
<tr><td>车辆控制</td><td>正常 □ 异常 □</td><td></td></tr>
<tr><td rowspan="2">自动泊出功能</td><td>功能开启</td><td>正常 □ 异常 □</td><td></td></tr>
<tr><td>车辆控制</td><td>正常 □ 异常 □</td><td></td></tr>
<tr><td rowspan="4">功能中断</td><td>踩下加速踏板</td><td>中断 □ 运行 □</td><td></td></tr>
<tr><td>干预转向盘转动</td><td>中断 □ 运行 □</td><td></td></tr>
<tr><td>切换挡位</td><td>中断 □ 运行 □</td><td></td></tr>
<tr><td>点击系统开启键</td><td>中断 □ 运行 □</td><td></td></tr>
<tr><td rowspan="5">5</td><td rowspan="5">驾驶员疲劳监测系统</td><td colspan="2">摄像头</td><td>正常 □ 遮挡 □
脏污 □ 破损 □</td><td></td></tr>
<tr><td colspan="2">功能开启及关闭</td><td>正常 □ 异常 □</td><td></td></tr>
<tr><td colspan="2">疲劳监测功能</td><td>正常 □ 异常 □</td><td></td></tr>
<tr><td rowspan="2">提示信号</td><td>疲劳提示</td><td>正常 □ 异常 □</td><td></td></tr>
<tr><td>是否至少采用两种提示信号预警</td><td>是 □ 否 □</td><td></td></tr>
</table>

4. 车辆自诊断

使用诊断仪读取车辆故障码并清除，将真实性故障码记录在表 6-4-4 中。

表 6-4-4 真实性故障码记录表

序号	故障码	故障码描述
1		
2		
3		
4		
5		

四、检查

根据表 6-4-5 中的检查项目进行检查，并将检查结果和结果点评填入表 6-4-5 中。

表 6-4-5 检查

检查项目	检查结果	结果点评
ADAS 运行与检查		
ACC 系统：是否能对设定速度进行调整	是 □ 否 □	
AEB 系统：是否能完成制动功能检查	是 □ 否 □	
LKA 系统：是否能完成系统运行	是 □ 否 □	
IPA 系统：是否能利用 IPA 系统完成自动泊车	是 □ 否 □	
DFM 系统：是否对摄像头遮挡物进行清理	是 □ 否 □	
是否清除故障码	是 □ 否 □	
整理及恢复		
工具、设备是否整理恢复	是 □ 否 □	
实训工位是否打扫干净	是 □ 否 □	
工作页是否填写完整	是 □ 否 □	

五、情境小结

情境小结如图 6-4-1 所示。

智能网联汽车整车检查与维护
外观检查与维护
车漆、车门、前机舱盖、天窗等部件的检查与维护
客舱检查与维护
客舱内饰件、安全带等部件的检查与维护
客舱内人机交互系统、座椅、空调、灯光、车窗等电器的检查与维护
前机舱检查与维护
辅助蓄电池的检查与维护
制动液、冷却液等油液的检查与维护
各高压部件的外观检查和绝缘电阻检测
底盘检查与维护
底盘上的动力蓄电池等高压部件的外观检查和绝缘电阻检测
传动系统、转向系统、行驶系统、制动系统的检查与维护
先进驾驶辅助系统运行与检查
ACC、AEB、LKA等系统的运行与检查
自诊断
读取并清除故障码，记录真实性故障码

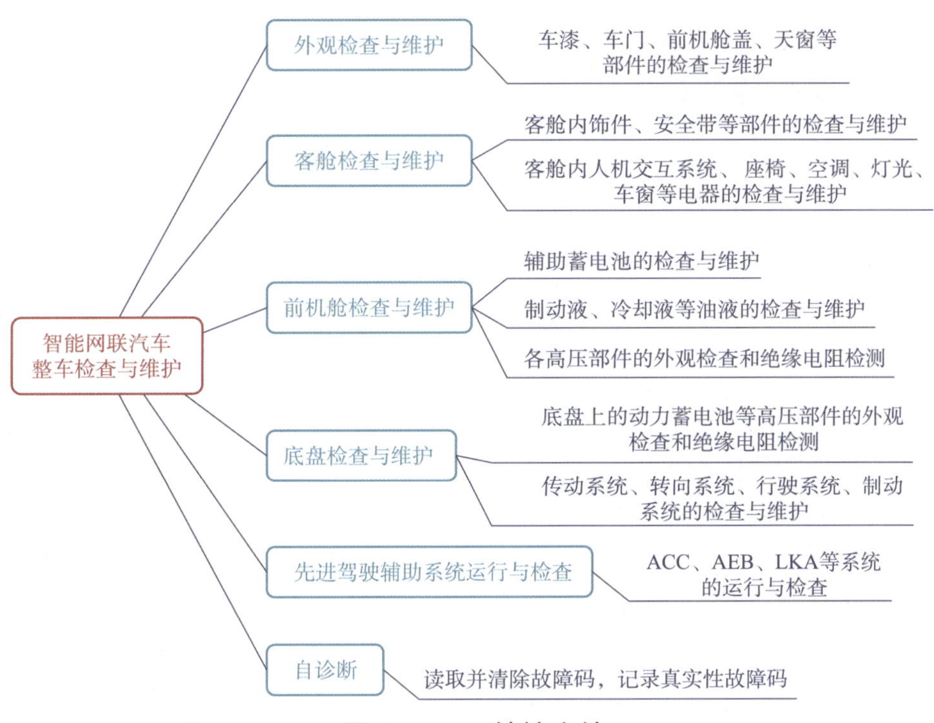

图 6-4-1　情境小结